ग़म की धरती

(ग़ज़ल संग्रह)

सईद नज़र

2025

NOTION PRESS

India. Singapore. Malaysia.

ISBN

This book has been published with all reasonable efforts taken to make the material error-free after the consent of the author. No part of this book shall be used, reproduced in any manner whatsoever without written permission from the author, except in the case of brief quotations embodied in critical articles and reviews.

The author of this book is solely responsible and liable for it content including but not limited to the views, representations, descriptions, statements, information, opinions and references ["Content"]. The Content of this book shall not constitute or be construed or deemed to reflect the opinion or expression of the Publisher or Editor. Neither the Publisher nor the Editor endorse or approve the Content of this book or guaranty the reliability, accuracy or completeness of the Content published herein and do not make any representations or warranties of merchantability, fitness for a particular purpose. The Publisher and Editor shall not be liable whatsoever for any errors, ommissions, whether such errors or ommissions result from negligence, accident, or any other cause or claims for loss or damages of any kind including without limitation, indierect or consequential loss or damage arising out of use, inability to use, or about the reliability, accuracy or sufficiency of the information contained in this book.

पेश-लफ़्ज़

सईद नज़र

जमा-जमा एक साल की जान-पहचान और गिनती की चंद मुलाक़ातों में अगर कोई शख़्स इस क़दर मुहब्बत से मिले और इस क़दर अपनाए कि ज़िंदगी पे ऐतबार होने लगे तो उस शख़्स का नाम सईद नज़र से सिवा कुछ और हो ही नहीं सकता।

कुवैत के सबसे अज़ीम शायरों में शुमार, नज़र साहब ने हमेशा ही अपनी ग़ज़लों और नज़्मों के ज़रिये आज के हालात, दिल के जज़्बात और ज़हन के तसव्वुरात को एक माला में पिरो के हम सबको बड़े ही प्यार से पहनाया है। इस माला की ख़ुशबू हमारे साथ ही नहीं चलती, बल्कि हमारा एक हिस्सा बन जाती है। नज़र साहब का मानना है कि साहित्यकार का काम सिर्फ़ लिखना नहीं, बल्कि समाज को बेहतर दिशा देना भी है। उनकी ग़ज़लें न केवल बड़ी सरलता से दिल बहलाती हैं, बल्कि सोचने पर मजबूर भी करती हैं। वो अपने अश'आर के ज़रिये समाज के उन मुद्दों को उठाते हैं, जिन पर अक्सर बात नहीं की जाती।

नज़र साहब की ग़ज़लों में अदब, तहज़ीब, मुहब्बत, दर्द, ज़िंदगी के उतार-चढ़ाव, और इंसानी रिश्तों की गहरी समझ नज़र आती है। उनकी लेखनी में जहाँ एक ओर ग़म की गहराई है, वहीं दूसरी ओर उम्मीद और हौसलों की परवाज़ भी। वक़्त की चाल और ज़िंदगी के मिज़ाज का ऐसा ही तालमेल उनकी हर रचना में देखने को मिलता है। उनकी ग़ज़लों में ये हुनर है कि वो ग़म और दर्द को भी ख़ूबसूरत अल्फ़ाज़ का जामा पहनाते हैं जो अगर चुभे भी तो तकलीफ़ कम ही देती है।

उनकी नई किताब "ग़म की धरती", उनकी तीसरी साहित्यिक कृति है, जो पाठकों के लिए बेहतरीन ग़ज़लों का एक अनमोल ख़ज़ाना है। इससे पहले भी उनकी दो किताबें "ग़म का सूरज" और "चाँद ग़म का" पाठकों और आलोचकों के दिलों में अपनी जगह बना लेने में कामयाब रही हैं। "ग़म का सूरज" में जहाँ उनके शुरुआती दौर की

ग़ज़लें शामिल हैं, वहीं "चाँद ग़म का" में उन्होंने इंसानी रिश्तों, मुहब्बत, दर्द और ज़िंदगी को लेकर अपने अनुभव साझा किए हैं। अब "ग़म की धरती" में भी उन्होंने ज़िंदगी के हर एक तजुर्बों को ऐसे ख़ूबसूरत अंदाज़ में पेश किया है कि आप पढ़ते हुए रुकने पर मजबूर हो जाएँगे और इस किताब का अभिन्न हिस्सा बन जाएँगे।

बात अगर रिश्तों की हो, उसमें पड़ी दरारों की हो और उन दरारों को भरने की हो तो नज़र साहब ने पश्चाताप की राह को कितना सहज और सरल बना दिया जब वो कहते हैं

कितना आसान था ये कर लेना
अपने आँसू से दाग़ धो लेते

और फिर उतनी ही आसानी से रिश्तों की अहमियत, और इनके मिठास और दर्द को निभाए और बनाए रखने के लिए ज़रूरी प्यार, त्याग, और समर्पण के साथ-साथ इनको निभाने में चुकाई गई क़ीमत का बयान करते हुए कहते हैं

सारे रिश्ते अज़ीज़ थे हम को
मिट गए हम उन्हें निभाने में

वहीं अगर बात ज़िंदगी की उलझी हुई भाग-दौड़ और उस से उपजी थकन, परेशानी और दर्द की हो जिसे व्यक्ति छिपाना तो चाहता है, लेकिन भावनाएं और शारीरिक संकेत, उसे प्रकट कर देती हैं। नज़र साहब इस गहरी करुणा को, मानवीय अनुभवों, संघर्षों, और उन्हें सहने की प्रक्रिया को, ये कहकर बड़े ही ख़ूबसूरत अंदाज़ में दर्शाते हैं

सुर्ख़ आँखें बता ही देती हैं
मेरे टूटे हुए बदन का दर्द

इसी संघर्ष और थकान के आलम में अगर इंसान की आकांक्षाऐं भी अधूरी ही रह जाएँ और उसे वो ठिकाना, वो सुकून, या वो मंज़िल नहीं मिले, जिसका वो हक़दार हो तो ऐसे में नज़र साहब उसकी गहरी उदासी को बेहद ख़ूबसूरती से बयाँ कर देते हैं

थक गए राह चलते-चलते हम
उम्र भर अपना घर नहीं आया

नज़र साहब की निगाह जब समाज में हो रहे अन्याय और असमानता पर पड़ती है तो वो दर्द से बेदार होकर करारे व्यंग्य है भी कहते हैं। ये उन निर्दोष लोगों की कहानी है, जिनसे उनके जीने का अधिकार छीन लिया गया। एक तरह से नज़र साहब हम सबसे अपील करते हैं कि हम ज़ुल्म को नज़रअंदाज़ ना करें और इसे रोकने के लिए क़दम उठाएं जब वो कहते हैं

ज़ुल्म का ये कैसा मंज़र है जनाब
उस ने छीना फिर निवाला, देखिए

और इसी तंज़िया लहजे में नज़र साहब वर्तमान युग के जटिल और विरोधाभासी स्वरूप को, जहाँ उम्मीद और चुनौती, रौशनी और अंधेरा, या सहमति और असहमति जैसे परस्पर विरोधी तत्व एक साथ चलने लगे हैं, कितनी आसानी से सोचने लायक बना देते हैं, जब वो कहते हैं

दौरे-हाज़िर का है अनोखा रूप
साथ चलने लगे दिया-बारिश

अब अगर उनका ये शे'र देखें जो उस गहरी भावनात्मक और अस्तित्वगत पीड़ा को व्यक्त करता है, जिसे केवल महसूस किया जा सकता है, लेकिन जिसे बाहरी दुनिया को दिखाना या समझाना बेहद कठिन है। यह इंसान के भीतर छिपे दर्द और उसके मौन संघर्ष का प्रतीक है। नज़र साहब का ये शे'र संवेदनशीलता और आत्मा की गहराई को छूता है

ये कोई मंज़र नहीं है जो हमें आए नज़र
दर्द-ए-दिल है, दर्द-ए-जाँ है, ये दिखाएं किस तरह

अब ये तो मुमकिन ही नहीं है कि बात एक शायर की हो और इश्क़ की ना हो। जहाँ शायरी है वहाँ मुहब्बत है और नज़र साहब ने इसमें भी हमारा दिल जीतने में कोई

कसर नहीं छोड़ी है। वो कहते हैं कि जब इश्क़ शब्दों के माध्यम से शायरी में ढलता है, तो वो दिल को एक बगीचे की तरह महका देता है। उनका ये शे'र न केवल इश्क़

और शायरी की गहराई को व्यक्त करता है, बल्कि उनके अभिन्न संबंध और उनकी ख़ूबसूरती को भी सामने लाता है

इश्क़ को हासिल हुआ अल्फ़ाज़ का एक पैरहन
दिल के गुलशन में हुआ जब शायरी का इन्किशाफ़

और ये शे'र प्रेम की सादगी और उसकी गहराई को व्यक्त करता है। इसमें नज़र साहब ने अपने दिल को प्रेम का स्थायी निवास तो बनाया लेकिन केवल उस प्रेम के लिए, जो सच्चा, पवित्र, और दिखावे से मुक्त हो। यह शे'र प्रेम की पाकीज़गी और उसमें मौजूद आत्मीयता का प्रतीक है

इश्क के ही लिबास में आना
मेरे दिल में क़याम की है बात

पर जैसा कि आपके, मेरे और हर किसी के जीवन में कई ऐसे अवसर आते हैं जब आप चाहें या ना चाहें, आपको जीवन की अनिवार्यताओं और समय की शक्ति के सामने झुकना ही होता है। इसलिए जब समय के प्रवाह के विरुद्ध जाना असंभव हो, तो अपनी इच्छाओं और मर्ज़ी के बावजूद समय के साथ क़दम से क़दम मिलाकर चलना ही समझदारी है, बेशक़ ये किसी की नज़र में समझौता ही क्यूँ ना लगे

ये मुमकिन नहीं था कि जाता ख़िलाफ़
मुझे वक़्त के साथ चलना पड़ा

ऐसे ही कितने लाजवाब अश'आर इस बेइंतिहा ख़ूबसूरत किताब में संजोकर लाने वाले शायर, जनाब सईद नज़र साहब को दिली मुबारकबाद पेश करने के साथ-साथ शुक्रिया भी कहना चाहिए कि उन्होंने हमें अपने साथ "ग़म की धरती" जैसे अदभुद और महत्वपूर्ण साहित्यिक पड़ाव पर लेकर आए हैं। ये किताब यक़ीनन पाठकों के दिलों में जगह बनाएगी और उनकी लेखनी का यह सफ़र आने वाली पीढ़ियों के लिए

प्रेरणा का स्रोत रहेगा। उनकी ग़ज़लों का जादू हर पाठक को उनके जज़्बात से जोड़ देता है। उनकी लेखनी का यह अनमोल सफ़र साहित्य की दुनिया में एक नयी रौशनी लेकर आता रहे, यही दुआ है।

मैं दिल की गहराइयों से शुक्रगुज़ार हूँ कि नज़र साहब ने अपनी बेमिसाल किताब "ग़म की धरती" का परिचय लिखने का ज़िम्मा मुझे सौंपा। यह मेरे लिए एक बड़ा सम्मान और सौभाग्य है।

नज़र साहब की शायरी दिल की गहराईयों को छूती है और इंसानी जज़्बात के पेच-ओ-ख़म को बड़े ख़ूबसूरत अंदाज़ में बयान करती है। उनकी इस किताब से जुड़े हुए लम्हों ने मुझे उनकी शायरी को और गहराई से समझने का मौक़ा दिया। उनके अल्फ़ाज़ हर उस सच्चाई को रोशन करते हैं, जो हम महसूस तो करते हैं, मगर कहने के लिए अल्फ़ाज़ ढूँढ़ नहीं पाते।

इस एहतिमाद और भरोसे के लिए नज़र साहब का शुक्रिया कहना भी शायद कम होगा। उन्होंने मुझ पर जो भरोसा किया है, वो मेरे लिए हमेशा यादगार रहेगा। इस मौक़े ने मुझे न सिर्फ उनके फ़न को करीब से देखने का मौक़ा दिया है, बल्कि शायरी की गहराईयों में और बेहतर डूबने की प्रेरणा भी दी है।

नज़र साहब, इस अनमोल तोहफ़े के लिए आपका दिल से आभार। यह मेरे लिए एक यादगार और बेहद क़ीमती पल है।

तहे-दिल से,

डॉ राजेश गुप्ता 'राजे'
+919654543344
drajeshg@gmail.com

ग़ज़ल: शायरी की रूहानी शक्ल

ग़ज़ल उर्दू और फ़ारसी साहित्य की सबसे ख़ूबसूरत और मक़बूल शायरी की शक्ल है, जो अपनी गहराई, नज़ाकत और दिलकश अंदाज़-ए-बयान के लिए जानी जाती है। ग़ज़ल, जो अरबी भाषा से आई है, का मूल अर्थ है "औरतों से गुफ़्तगू" या "प्रेम की बात करना।" हालांकि, वक़्त के साथ यह शायरी का एक ऐसा अंदाज़ बन गई जो इश्क़, जुदाई, दर्द, समाज, और ज़िंदगी के दूसरे पहलुओं को बेहद हसीन तरीक़े से बयान करती है। यही वजह है कि ग़ज़ल हर दौर में प्रासंगिक रही है।

जनाब नज़र साहब के अनुग्रह पर ग़ज़ल की पहचान और समझ के लिए छोटा सा परिचय लिखने का प्रयास कर रहा हूँ, इस उम्मीद के साथ कि नए पढ़ने लिखने वालों को इससे थोड़ी बहुत मदद मिल सके।

ग़ज़ल कई अश'आर (शे'र का बहुवचन) का संग्रह होती है। हर शे'र दो मिसरों (पंक्तियों) से मिलकर बनता है, और इन दोनों मिसरों में एक मुक़म्मल ख़याल या भावना का इज़हार होता है। ग़ज़ल के हर शे'र का मतलब अलग हो सकता है, यानी हर शे'र अपने आप में एक मुक़म्मल ख़याल पेश करने की पूरी क़ाबिलियत रखता है।

ग़ज़ल का पहला शे'र, जिसे मतला (शुरुआती शे'र) कहते हैं, ख़ास होता है। इसमें दोनों मिसरे काफ़िया (तुक) और रदीफ़ (दोहराए जाने वाला शब्द/वाक्यांश) के साथ होते हैं। उदाहरण के तौर पर नज़र साहब की इसी किताब से एक ख़ूबसूरत ग़ज़ल का मतला पेश करता हूँ

आँख वालों ये बताओ, आसमाँ कैसा लगा?
हम जहाँ पर रह रहे हैं, वो जहाँ कैसा लगा?

ग़ज़ल का आखिरी शे'र, जिसे मक़ता (अंतिम शे'र) कहते हैं, शायर के तख़ल्लुस (उपनाम) को शामिल करता है। यह शायर की पहचान का हिस्सा होता है। उदाहरण के तौर पर उसी ग़ज़ल का मक़ता पेश है

जानता हूँ क़ुर्ब उसका, तुझको मुश्किल से मिला
ऐ 'नज़र', ख़ुशबू भरा ये गुलसिताँ कैसा लगा?

काफ़िया तुकबंदी का हिस्सा है जो हर शे'र में आता है। जैसे ऊपर दी हुई ग़ज़ल में "आसमाँ", "जहाँ" और "गुलसिताँ" क़ाफ़िये हैं। रदीफ़ वाक्यांश या शब्द है जो हर शे'र के दूसरे मिसरे अंत में एक जैसा दोहराया जाता है। जैसे इसी ग़ज़ल में "कैसा लगा?" रदीफ़ है जो मतले में दोनों मिसरे में आता है और बाक़ी अश'आर में सिर्फ़ दूसरे मिसरे में।

ग़ज़ल में हर शे'र एक ही बहर (मीटर) में होता है। बहर एक निश्चित लय या छंद है, जो ग़ज़ल के हर मिसरे में न केवल मात्रा में बल्कि उसके तारतम्य में भी बिल्कुल एक समान होना चाहिए।

ग़ज़ल सिर्फ एक साहित्यिक रूप नहीं, बल्कि एक रूहानी अनुभव है। यह दिल को छूने वाली भावनाओं का बयान है, जो सुनने वाले के दिल और दिमाग़ में गूंजती है। इसके अंदर छिपे बारीक और गहरे ख़याल इसे न सिर्फ़ मशहूर बनाते हैं, बल्कि इसे अमर कर देते हैं।

ग़ज़ल अपनी संरचना में सख़्त और अपने एहसास में नर्म होती है। यह शायर और श्रोता के बीच एक गहरा रिश्ता बनाती है, जहाँ शब्द दिल की आवाज़ बन जाते हैं। चाहे मीर की सादगी हो, ग़ालिब का अंदाज़-ए-बयान, या जौन एलिया का दर्द - ग़ज़ल हर दौर में एक नई ज़िंदगी लेकर सामने आई है।

ग़ज़ल, शायरी की दुनिया का वो चाँद है, जो हर मुहब्बत-पसंद इंसान की ज़िंदगी को रोशन करता रहेगा।

शुक्रिया!

डॉ राजेश गुप्ता 'राजे'
+919654543344
drajeshg@gmail.com

डॉ राजेश 'राजे' – एक मिसाली शख़्सियत

मेरी मादरी ज़ुबान उर्दू है, मैं उर्दू में ही शे'र कहता हूँ। यूँ तो मुझे उर्दू ज़बान से बेपनाह मोहब्बत है, मेरा यह मानना है कि दुनिया की जितनी ज़बानें हैं तो बोली और लिखी जाती हैं, उनकी अपनी एक तारीख़ी हैसियत होती है। सब ज़बानों का अपना-अपना एक अलग लुत्फ़ होता है।

मेरा पहला शे'री मजमुआ 'ग़म का सूरज' जब 2001 में छपकर मंज़र-ए-आम पर आया, तो काफ़ी लोगों ने इसे पसंदीदगी की निगाह से देखा। मेरा दूसरा शे'री मजमुआ 'चाँद ग़म का' 2022 में शाया हुआ। 'नज़र-नज़र के चराग़' के नाम से एक तनक़ीदी मज़ामीन की किताब मेरी शख़्सियत और शायरी पर छप चुकी है।

जब मेरा पहला शे'री मजमुआ 'ग़म का सूरज' छपकर आया तो कुछ लोग इस मजमुए देवनागरी (हिंदी) में शाया करने की इजाज़त लेनी चाही, लेकिन यह कहकर मैंने टाल दिया था, जब सही वक़्त आयेगा तो इसे छापा जाएगा। असल में जिन अहबाब की ये ख़्वाहिश थी कि इस तरह का काम हो, उनके अंदर मैंने वो अहिलियत (योग्यता) नहीं पाई।

ये मेरी ख़ुशक़िस्मती है कि देर ही सही, मेरी मुलाक़ात राइटर्स फ़ोरम, कुवैत में उस शख़्स से हो गई, आप हैं डॉक्टर राजेश 'राजे' साहब। आप एक ख़ूबसूरत शायर हैं, फ़न्नी-नुक़ात को मल्हूज़ रखते हुए अपनी बात को भरपूर ए'तिमाद के साथ पेश करते हैं। मज़ीद ये जान कर बेहद ख़ुशी हुई कि आपकी पाँच किताबें – डियर ज़िंदगी, लम्हें unlimited, फ़लक तक, सवाल लाजवाब और रहें न रहें हम, छपकर मंज़र-ए-आम पर आ चुकी हैं।

डॉ राजेश गुप्ता 'राजे'

मेरे दिल में भी ये ख़्वाहिश थी कि मेरा कोई न कोई शे'री मजमुआ देवनागरी (हिंदी) ज़बान में भी हो। कई बार डॉक्टर राजेश 'राजे' साहब को सुनने के बाद मुझे महसूस

हुआ कि जिस शख़्स की मुझे तलाश थी, यही वो शख़्स है। इन पर इस क़दर ऐतिमाद का आना उनकी सादा मिज़ाजी और गहरी शायरी के ही सबब था।

डॉक्टर राजेश 'राजे' साहब की एक और ख़ास बात यह है कि वे लिखते तो हिंदी में हैं लेकिन ज़्यादातर अल्फ़ाज़ इनके उर्दू में होते हैं। इनसे मैंने इसकी वजह जानना चाही तो कहने लगे "एक तो मैं उर्दू ज़बान से मोहब्बत रखता हूँ, दूसरा यह कि पढ़ाई के ज़माने से ही जगजीत सिंह और मेहदी हसन साहब की गाई हुई ग़ज़लें सुनता आ रहा हूँ। आज भी मुझे ग़ज़लें गाने और सुनने का शौक़ है।"

यक़ीनन, मैं उन्हें गाते हुए सुन चुका हूँ। बहुत ही प्यारी आवाज़ है। दरअसल आसान उर्दू और आसान हिंदी हिंदुस्तानी कहलाती है, मेरी शायरी और डॉ राजेश साहब की रचनाएँ हिंदुस्तानी में ही हैं।

एक दिन मैंने डॉक्टर राजेश 'राजे' साहब से अपनी यह ख़्वाहिश ज़ाहिर की कि मेरा मजमुआ हिंदी में छप जाए, वो इस काम को अपने हाथों में लें और अंजाम तक पहुँचाएँ। मैं उनकी मोहब्बतों का उस वक़्त कायल हो गया जब उन्होंने इस बात को ख़न्दा-पेशानी से क़ुबूल फ़रमाया। मेरा यह तीसरा मजमुआ 'ग़म की धरती' हिंदी में उन्हीं की अथक कोशिशों की वजह से ही ये अब आपके हाथों में है।

सईद नज़र
कुवैत
+96592279572

सूची

ग़ज़ल

तेरे दिल में क़याम मेरा है
तेरे होंठों पे नाम मेरा है

तू भी सरशार हो ही जाएगा
हुस्न से पुर-कलाम मेरा है

और मैं क्या करूँ सिवा इस के
शे'र कहना ही काम मेरा है

ये सबब है तेरी इनायत का
ये जो आला मक़ाम मेरा है

फ़ख़्र इस पर मुझे नहीं बिल्कुल
सारी दुनिया में नाम मेरा है

हासिदों, फ़ासिक़ों से बच कर रह
बस यही इक पयाम मेरा है

कब किसी को हक़ीर जाना था
कब कहा ये ग़ुलाम मेरा है

इस पे नालाँ नहीं हूँ हरगिज़ मैं
तेरे हाथों में जाम मेरा है

इस के पीछे 'नज़र' खड़ा हूँ मैं
मेरा दिल ही इमाम मेरा है

ग़ज़ल

मेरे आगे ये कैसा मंज़र है
दस्त-ए-नाज़ुक में देख ख़ंजर है

और क्या चाहिए सहारा एक
अपने भी आसमान सर पर है

रह सकें इस जहान में ज़िंदा
ऐसी हम को फ़ज़ा मयस्सर है

इल्म इसका हमें भी है यारों
कौन बदतर है, कौन बेहतर है

जिसने उड़ना हमें सिखाया था
क़द्र उसकी करें, ये वो पर है

जौहरी हो तो जान पाओगे
एक पत्थर है या ये गौहर है

मुश्किलें हो गई थीं हम से दूर
आज किस बात का तुम्हें डर है?

लम्हा भर में सदी को जी लूँ मैं
ये हवस एक मेरे भी अंदर है

मंज़र-ए-अद्ल यूँ है धरती पर
घर किसी को है, कोई बेघर है।

देख लूँ एक 'नज़र' उसे मैं भी
किस लबादे में मेरा रहबर है

ग़ज़ल

दिल में मेरे भी है वतन का दर्द
इस के उजड़े हुए चमन का दर्द

हम में कितने ये जान पाते हैं?
है कहाँ पर निहाँ गगन का दर्द

सुर्ख़ आँखें बता ही देती हैं
मेरे टूटे हुए बदन का दर्द

सुन के छलनी हुआ जिगर अपना
उस सिपाही की एक दुल्हन का दर्द

एक अलग लुत्फ़ हम को देता है
तुझ से अनजान सा लगन का दर्द

हाल भारत का मैं बता दूँगा
जान यमनी से तू यमन का दर्द

ग़म के सूरज से भी मिला देगा
ऐ 'नज़र', एक मेरे सुख़न का दर्द

ग़ज़ल

मैं ज़मीं हूँ, आसमाँ मुझको बना दो
चार-सू मेरे सितारे तुम सजा दो

दिल तुम्हारा और उस पर हक़ तुम्हारा
कैसे कह दूँ मैं कि उसको तुम भुला दो

हो असर सीधे दिलों पर गुफ़्तगू का
पुर-असर तुम ज़ात को अपनी बना दो

ख़ैर का उन्सर छुपा है इस अमल में
दिल जो बिछड़े हों कहीं फिर से मिला दो

सिर्फ़ बातों से न होगा फ़ायदा कुछ
दुश्मनों को अपना भी दम-ख़म दिखा दो

ख़ामा-फ़रसाई का जलवा हो उजागर
कोरे काग़ज़ पर ग़ज़ल अपनी सजा दो

जिस्म-ओ-जाँ में अब 'नज़र' क्यों है अंधेरा?
सोचते क्या हो ये दिल अपना जला दो

ग़ज़ल

तुझसे क्यों छिन गई है ख़ुशी, ग़ौर कर
किस क़दर तुझ में है बेहिसी, ग़ौर कर

ले रहा है फ़क़त नफ़रतों से तू काम
दिल में है जज़्बा-ए-आशिक़ी, ग़ौर कर

तीरगी से निकलना न आसान था
सुबह ने दी हमें रौशनी, ग़ौर कर

और क्या चाहिए शे'र की अर्ज़ से
इस में है गुलशन-ए-आगही, ग़ौर कर

चल न पाएगा एक भी क़दम आगे तू
रोक देगी तुझे बेबसी, ग़ौर कर

उस के साए में गुज़री है अपनी हयात
दिल में है जुरअत-ए-मुफ़लिसी, ग़ौर कर

इस दिखावे का कम ही असर होता है
मोह लेती है दिल सादगी, ग़ौर कर

कर दुआ, आए मुश्किल न आगे तेरे
तेरे सर से बला कब टली, ग़ौर कर

नेमत-ए-सरमदी है यक़ीनन 'नज़र'
तूने जो पाई है ज़िंदगी, ग़ौर कर

ग़ज़ल

महफ़िल-ए-शे'र में हुई शिरक़त
मुतमईन दिल हुआ, मिली लज़्ज़त

तेरा हँसना बता गया मुझको
भाती है किस क़दर तुझे दहशत

किस अमल में बक़ा-ए-कुल है देख
किस अमल से मिली हमें ज़िल्लत

दिल के टुकड़े ज़रूर होते हैं
इस क़दर तल्ख़ है तरी हुज्जत

पारसा बन ही जाओगे तुम भी
नेक लोगों की गर मिले सोहबत

नाम धुंधले से पड़ ही जाते हैं
किसकी क़ाइम है, दोस्तों, शोहरत

लोग पाते हैं इस से ही सबकुछ
कीजिए आप भी 'नज़र' मेहनत

ग़ज़ल

बताएँगे तुझको कि क्या है अलामत
अदब में चलेगी न तेरी बग़ावत

कहो सामने जो भी कहना है तुमको
बढ़ेगी न इस से दिलों में अदावत

कहीं भी मिले इसको दिल से लगा लो
ज़माने में अंक़ा है यारों सदाक़त

उठो पस्तियों से करो बंद रोना
कहाँ खो के आए हो अपनी शुजा'अत

ज़रूरत पड़े गर तो बन जाओ तलवार
रहे तन पे हर दम लिबास-ए-शराफ़त

टिकेगी इमारत न तेरी ख़ला में
पलट आ न कर फिर कभी ये हिमाक़त

अजब है तरक़्क़ी का ये दौर देखो
नज़र आती है कू-ब-कू ये जहालत

कोई भी तो इस से नहीं बच सका है
घरों तक भी पहुँची सियासी कसाफ़त

ग़ज़ल इस से दिलकश 'नज़र' होगी बिल्कुल
रवानी हो शे'रों में और हो सलासत

ग़ज़ल

इक वही मेरा ख़ुदा है
हर किसी से जो बड़ा है

हर कोई तुझ से ख़फ़ा है
तेरा लहजा फ़ख़रिया है

किस के ग़म में ये जो आँसू
तेरी आँखों से गिरा है

क्यूँ न भाए हर किसी को
इक निराली सी अदा है

ये नहीं बुझता हवा से
मेरे आगे जो दिया है

इक ख़ला है मेरे सर पर
मेरे अंदर इक ख़ला है

इक ख़याल-ए-नौ लिए फिर
शे'र पैकर में ढला है

मत डराओ आँधियों से
साहिलों पर घर मेरा है

ऐ 'नज़र' भटका हुआ दिल
होश में आने लगा है

ग़ज़ल

चाँद को किस ने उछाला, देखिए
कैसे सूरज को निकाला, देखिए

ज़ुल्म का ये कैसा मंज़र है जनाब
उस ने छीना फिर निवाला, देखिए

कोयले को बर्फ़ साबित करने में
मुँह हुआ उस का भी काला, देखिए

गर्म धरती पर चले हैं और क्या
आ गया पैरों में छाला, देखिए

ज़हन से पर्दें हटेंगे आप के
मोतबर सा एक हवाला, देखिए

हद नहीं उस के क्रम की, रब है वो
उस ने हम को भी संभाला, देखिए

दूर होंगी आँखों से तारीकियाँ
कीजिए कोशिश, उजाला देखिए

रिज़्क़ को पाने की ख़ातिर चंद लोग
जप रहे हैं एक माला, देखिए

बे सहारा एक बच्चे को 'नज़र'
इस जहाँ में कौन पाला, देखिए

ग़ज़ल

किया कब ये दावा कि मैं हूँ मुक़म्मल
अमल सीखने का है जारी मुसलसल

वो मिलता नहीं है जिसे पाना चाहूँ
इसी बात से है मेरा दिल भी बेकल

मैं लौटा तेरे घर से मायूस होकर
तेरा दर भी पाया है मैंने मुख़फ़्फ़ल

तुझे ज़िंदगी मैंने चाहा है दिल से
मेरे साथ भी तू क़दम-दो-क़दम चल

पड़ा जब भी सूखा हुआ हाल अबतर
कहाँ भाया आँखों को अपनी ये जल-थल

जुड़ा रहने दो मुझको मेरी ज़मीं से
ये उसकी है ख़्वाहिश कि मिल जाए मख़मल

यही सच है जानां, यही सच है जानां
बहलता हूँ तेरे तसव्वुर से पल-पल

सुकूँ का निशां कुछ भी मिलता नहीं है
तेरे चार-सू इस क़दर क्यों है हलचल

पिघलना ही तेरा मुक़द्दर अगर है
'नज़र' तो किसी पैकर-ए-हुस्न में ढल

ग़ज़ल

मयस्सर है ख़ुशी तुमको
मिली है रौशनी तुमको

ग़मों के बीच छोड़ेगी
जहाँ की बेरुख़ी तुमको

सदाक़त से मिलाएगी
मेरी ये शायरी तुमको

बहुत बेचैन कर देगी
अज़ीज़ों की कमी तुमको

दिखाएगी नया दर्पण
ये दुनिया एक नई तुमको

कभी भटकाएगी यारों
किसी की रहज़नी तुमको

जियो दिल से 'नज़र' तुम भी
मिली है ज़िंदगी तुमको

ग़ज़ल

लुत्फ़ आया उन्हें, लड़ाने में
मुफ़लिसों के मकां जलाने में

सारे रिश्ते अज़ीज़ थे हम को
मिट गए हम उन्हें निभाने में

अपने ज़ख़्मों पे तबसरा क्यों हो
लग गए उनको हम छुपाने में

ये सुना है उन्हें मज़ा आया
मेरे अश'आर गुनगुनाने में

मुतमइन वो नहीं हुए अब तक
हो गई उम्र आज़माने में

वरना इंसाफ़ मर ही जाएगा
रहना है आगे हक़ बताने में

ख़ुद पे गुज़री तो तिलमिला उट्ठे
तुम भी थे धज्जियाँ उड़ाने में

एक नज़र मुझ पे भी क़रम की हो
ज़िक्र मेरा भी है फ़साने में

इतना आसाँ नहीं 'नज़र' साहब
वक़्त लगता है घर बसाने में

ग़ज़ल

नज़र आया मुझे भी इक हसीं मंज़र
तसन्नौ से था आरी हर मेरा दिलबर

बड़ी मुश्किल सी वीरानी है सहरा में
मिला मुझ को परागंदा सा इक पैकर

कोई लाए तो लाए अब मगर, ऐ यार
न हो हरगिज़ तेरे हाथों में ये ख़ंजर

बहुत उतरा हुआ है रंग चेहरे का
बता कोई तो ग़म है क्या तेरे अंदर

मैं उड़ जाऊँ, जहाँ चाहूँ, चला जाऊँ
खुला सा आसमाँ है इक मेरे सर पर

किसी ने भी उसे मुड़ कर नहीं देखा
पुकारे जा रहा था एक ज़ख़्मी पर

मिटाने अपने रस्तों के अंधेरों को
कहा किसने कि औरों का जला दो घर

उसे अपने हसीं अंदाज़ दे दो तुम
मेरी हो जाएगी इन से ग़ज़ल बेहतर

बड़े छोटे से उसके काम हैं सारे
'नज़र' उसका तो देखो नाम है अकबर

ग़ज़ल

क्या दिया क्या नहीं दिया सहरा
तुझको कैसा लगा बता सहरा

उसको सहला रहा था बहले कुछ
मेरे कांधों पे सो गया सहरा

मेरे पहलू में बैठ कर अक्सर
बात करता रहा मेरा सहरा

मेरी आँखों के आगे-आगे ही
एक अरसे तलक रहा सहरा

सबको बसना है एक दिन मुझ में
आके नज़दीक कह गया सहरा

उसकी हुरमत बची रहे हर-दम
और ख़ुद भी रहे सदा सहरा

चशम-ए-नूर   सूरत-ए-ज़मज़म
कर रहा है हमें अता सहरा

गर्द-आलूद   चेहरा-चेहरा   है
इतना पहले न था ख़फा सहरा

उससे मिलता है अम्न का पैग़ाम
किस कदर है 'नज़र' भला सहरा

ग़ज़ल

ग़लत मशवरों का ज़बां से निकलना
अजब लग रहा है तेरा यूँ बदलना

ये क्या फ़न में शामिल नहीं होगा यारों
ज़रूरत पे बुझना, ज़रूरत पे जलना

यही मशग़ाला है कि दे ज़ख़्म सब को
इसे भा रहा है मेरा भी मचलना

हमें चाहिए क्या, हमें चाहिए क्या
अहम शै यही है दिलों का बहलना

कभी आसमाँ से परेशाँ हुए हम
हमें ग़म में डाला ज़मीं का दहलना

बदल देता है सारा मंज़र ज़मीं का
समंदर की लहरों का पल में उबलना

जो गिर कर संभलने से क़ासिर 'नज़र' है
सबक़ है तेरा गिर के फिर से संभलना

ग़ज़ल

मेरे आगे भी जाम आने दो
एक सुहानी सी शाम आने दो

हम नवाज़ेंगे दाद से उसको
ऐसा कोई कलाम आने दो

सिर्फ़ बातों से पेट भरता है?
मुँह के आगे तु'आम आने दो

गाल चमकेगा और भी जानम
इस पे ज़ुल्फ़ों का लाम आने दो

सारे नारे हैं नफ़रतों से पुर
अम्न का एक पयाम आने दो

आदमी है वो एक अगर यारों
आदमी के ही काम आने दो

हम तो बैठे हैं बेचने ख़ुद को
एक मुनासिब सा दाम आने दो

ऐसे महफ़िल से कैसे जाएंगे?
लफ्ज़ एक इख़्तताम आने दो

इतनी तारीफ़ के नहीं क़ाबिल
ऐ 'नज़र' वो मक़ाम आने दो

ग़ज़ल

उनकी नज़र हमेशा से है मेरी चाल पर
बातें हज़ार करते हैं वो मेरे हाल पर

बैठे थे सीना तान के देंगे जवाब वो
दांतों में उंगली आ गई मेरे सवाल पर

कोई न पूछता था जिन्हें कल तक यहाँ
"उनका सितारा आज है ओज-ए-कमाल पर"

जिससे तमाम मछलियाँ हो जाती हैं शिकार
मिट्टी उठा के डाल दी है ऐसे जाल पर

हर एक रुख़ से कर गई दुनिया को मुतमइन
कोई कहे तो क्या कहे ऐसी मिसाल पर

उनको अलग मक़ाम मैं देता हूँ दोस्तों
कुछ शे'र हो गए हैं जो इश्क़-ओ-जमाल पर

मायूस इस लिए है कि वो दाग़दार है
करता है चाँद रश्क सनम तेरे गाल पर

किसको नकारें, किसको करें दिल से हम क़ुबूल
क्या-क्या बहस हुई है, उरूज-ओ-ज़वाल पर

लहजे से उसके तैश में आते हैं किस तरह
करनी है बात उससे, लहू के उछाल पर

किसकी मजाल अपना बदल दे बयान फिर
रुकती है आके बात तेरे इस जलाल पर

एक मैं ही सच को लेके फिरा करता था 'नज़र'
पाबंदियाँ हैं मेरे ही ख़्वाब-ओ-ख़याल पर

ग़ज़ल

कैसे मुमकिन है कि ज़ुल्मत का वो डर रखते हैं
अपनी आँखों में वो जो नूर-ए-सहर रखते हैं

आपको लगता है, ये उम्र गुज़ारी यूँ ही?
"हम जो ज़िंदा हैं तो जीने का हुनर रखते हैं"

इनसे ख़ुशबू का निकलना ही बताता है तुझे
मेरे अश'आर भी फूलों सा असर रखते हैं

इतना आसान नहीं हम को करें वो गुमराह
हम भी हालात पे, ऐ दोस्त, नज़र रखते हैं

रास्ते ख़ुद ही बना लेते हैं बढ़ कर पल में
हौसले वाले क़दम अपना जिधर रखते हैं

वो तो जल जाएंगे, मर जाएंगे, ख़ुद ही यारों
दिल में नफ़रत का ज्वाला वो अगर रखते हैं

हम न टालेंगे अगर दूर कहीं जाना हो
बाँध कर पैर से हम अज़्म-ए-सफ़र रखते हैं

छत न दीवार कोई दर ही का साया इस में
एक अनोखा सा ज़मीं पर ही वो घर रखते हैं

झुकने वालों में न शामिल इसे हरगिज़ करना
कटने तैयार जो रहता है वो सर रखते हैं

वो परिंदे हैं ख़लाओं में उड़ेंगे हर-सू
अपने जिस्मों पे ज़बरदस्त वो पर रखते हैं

ख़त्म होना है जहानों को किसी रोज़ 'नज़र'
ऐसी एक बात की कुछ हम भी ख़बर रखते हैं

ग़म की धरती | सईद नज़र

ग़ज़ल

शम्स वक़्त-ए-सहर नहीं आया
तीरा शब में क़मर नहीं आया

ख़ार मिलने जरूर आए हैं
गुल सा चेहरा इधर नहीं आया

सुनते आए हैं ख़ूब-रू है वो
ऐसा कुछ भी नज़र नहीं आया

मुझ को है इंतज़ार शिद्दत से
हर क़दम हमसफ़र नहीं आया

कैसे निकलूँ नए सफ़र पर मैं?
"राज़दार-ए-सफ़र नहीं आया"

हर कोई सहमा-सहमा लगता है
क़हर तेरा किधर नहीं आया

जिससे दिल टूट जाए पल भर में
हम को ऐसा हुनर नहीं आया

तेरे लहजे से होता है ज़ाहिर
तेरे हमराह डर नहीं आया

कम से कम मिल गया तुझे साहिल
हाथ तेरे गुहर नहीं आया

थक गए राह चलते-चलते हम
उम्र भर अपना घर नहीं आया

फिर 'नज़र' बारहा हुई कोशिश
फिर मक़ाम-ए-ज़फ़र नहीं आया

ग़ज़ल

ग़म की धरती | सईद नज़र

फ़िज़ा में ज़हर हो महफ़ूज़ कोई घर भी न हो
यही है उनका इरादा कि बह-ओ-बर भी न हो

मैं अपने बच्चों को अक्सर उछाला करता हूँ
बुलंदियों का मिले लुत्फ़, उनको डर भी न हो

हुआ है हुक्म, ग़ज़ल हमको भी सुनानी है
हमारे शे'र का दिल पर कोई असर भी न हो

वो बेवफ़ा है, मिले उसको भी सज़ा ऐसी
जहाँ से गुज़रे वहाँ साया-ए-शजर भी न हो

वो चाहते हैं हमेशा रहें अंधेरे में
हमें नसीब कोई इक हसीं सहर भी न हो

मिज़ाज उसका अलग है मगर वो मेरा है
बग़ैर उसके मुकम्मल मेरा सफ़र भी न हो

खुली फ़िज़ा में 'नज़र' साँस मुझको लेनी है
मेरे बदन पे मुसल्लत किसी का सर भी न हो

ग़ज़ल

आज मौसम बड़ा सुहाना है
कोई अच्छा सा गीत गाना है

दिल से बेहतर जगह नहीं कोई
एक गुलशन यहाँ सजाना है

किस तरह सुर्ख़-रू जहाँ में हूँ
अपने बच्चों को भी बताना है

जो भी रिश्ते हैं ख़ून के, उनको
आख़िरी साँस तक निभाना है

ज़िक्र उनका करेंगे सारे लोग
जिनका आफ़ाक़ पर ठिकाना है

दिल में रहता है इश्क़ का जज़्बा
सारी दुनिया को क्या दिखाना है

ये परिंदे भी मोम जैसे हैं
ऐसे ही इनका आशियाना है

सब इशारे समझ में आते हैं
दूर से हाथ बस हिलाना है

ऐसे मानेंगे कब हमारी बात
आसमाँ सर पे एक उठाना है

एक हद होती है किसी शै की
क्या उन्हें फिर से आज़माना है

लुत्फ़ पाओगे तुम 'नज़र' इसमें
एक हसीं मेरा भी फ़साना है

ग़ज़ल

अज़्म बख़्शा एक रोशन आगही का इन्किशाफ़
कर गया मायूस सब को बेहिसी का इन्किशाफ़

कोशिशें हैं मिल ही जाए हर तरफ़ उसको दवाम
अर्ज़ पर जब से हुआ है ज़िंदगी का इन्किशाफ़

तय हुए हैं रहज़नों के सारे चेहरे एक साथ
कुछ क़दम पर हो गया जब गुमरही का इन्किशाफ़

उसने पाया क़ल्ब में अपना अलग ही एक मक़ाम
जिस किसी में भी हुआ है सादगी का इन्किशाफ़

कैसे-कैसे आए मंज़र आगे मेरी आँख के
दिल को छलनी कर गया है बेबसी का इन्किशाफ़

लग़्ज़िशें ही लग़्ज़िशें रक़्सां हैं उसके चार-सू
साथ लाया ऐसा चेहरा बेख़ुदी का इन्किशाफ़

ज़ुल्मतों में गुम था आलम चश्मे-बीना भी न थी
कर दिया सब को तवाना रौशनी का इन्किशाफ़

इश्क़ को हासिल हुआ अल्फ़ाज़ का एक पैरहन
दिल के गुलशन में हुआ जब शायरी का इन्किशाफ़

आख़िरश हो ही गया दुनिया के आगे ऐ 'नज़र'
ख़ूं में जो डूबी हुई थी उस सदी का इन्किशाफ़

ग़ज़ल

बह-ओ-बर अपने ही हैं और सितारे अपने
हैं हसीं कितने ज़रा देख नज़ारे अपने

छोड़ जाना है किसी रोज़ सहारे अपने
कब तलक साथ रहेंगे ये किनारे अपने

जो हमें मिलना था वो मिल ही गए हैं हमको
क्या उन्हें जा के दिखाना है ख़सारे अपने

उनको बिल्कुल भी नहीं पास-ए-वफ़ा अपनी यार
वो समझ कर भी न समझेंगे इशारे अपने

हमको रुसवा भी किया, पीठ पे मारा ख़ंजर
वो कोई ग़ैर न थे वो थे हमारे अपने

कुछ सवालों को उठा लाए कि डर जाएँगे
सुन के भागे वो जवाबात करारे अपने

वो बहाए हैं, बहाए हैं, बहाए हैं बहुत
उनको बख़्शेंगे नहीं ख़ून के धारे अपने

मैं फ़िदा होता हूँ मासूम से चेहरों पे मियाँ
कुछ सुकूँ देते हैं हर रोज़ दुलारे अपने

मसअ'ले लाख हैं हल हों तो ये कैसे हल हों
जाने किस काम में आते हैं इदारे अपने

जब कभी तुमको मिले वक़्त तो पढ़ना इनको
दिल में रह जाएँगे कुछ शे'र ये प्यारे अपने

ये बताते हुए अफ़सोस मुझे होता है
ऐ 'नज़र' चोरों के सरदार थे सारे अपने

ग़ज़ल

फ़ासले बढ़ गए हैं रिश्तों में
ढूँढ़ता हूँ मैं प्यार अपनों में

फ़ायदा इसका हो न हो उनको
रौशनी बाँट आए अंधों में

गो कि हैं दूर हमसे लाखों मील
गुफ़्तगू हो रही है लम्हों में

एक होना तो उनका मुश्किल है
बँट गए हैं हज़ार फ़र्क़ों में

कैसे पाओगे रौशनी इनसे
महज़ अब तीरगी है जिस्मों में

अम्न के चेहरे हो गए हैं अनक़ा
देखता हूँ मैं उनको सपनों में

पढ़ लिए हैं वरक़ ख़ुशी का इक
ग़म भी है ज़िंदगी के पन्नों में

सुनके जज़्बा उभरने लगता है
नग़मगी गूँजती है झरनों में

चाहते हैं पनाह दिल में फिर
वो जो आँसू रुके हैं आँखों में

इसमें जलना पड़ेगा आख़िरकार
इक अलाव है कोहना रस्मों में

जिस सुकूँ की तलाश तुमको है
ऐ 'नज़र' पा ही लोगे शे'रों में

ग़ज़ल

शरारों में ख़ुद को बदलना पड़ा
किसी के लिए मुझको जलना पड़ा

ये मुमकिन नहीं था कि जाता ख़िलाफ़
मुझे वक़्त के साथ चलना पड़ा

रहा मैं भी बेचैन खो कर उसे
कि अब तो फ़क़त हाथ मलना पड़ा

ख़िलाफ़-ए-तवक़्क़ो था सब कुछ वहाँ
मुख़ालिफ़ फ़ज़ा से निकलना पड़ा

कई बार मैं भी गिरा फिर उठा
किसी तौर मुझको सँभलना पड़ा

उसे झूठ से था लगाव बहुत
मुझे मेरे सच से बहलना पड़ा

उसी सख़्त लहजे से तेरे मियाँ
ये सच है मुझे भी मचलना पड़ा

मेरे ज़ब्त-ए-ग़म की ये तासीर है
तेरी आँख से मुझको ढलना पड़ा

सवा नेज़े पर था 'नज़र' आफ़ताब
न था सर पे साया, पिघलना पड़ा

ग़ज़ल

रो रहा है दिल ये कितना, तू भी आकर देख लेना
बाज़ आए रोने से इसको मना कर देख लेना

एक महवर रौशनी का तुझको आएगा मयस्सर
हो सके तो कहकशाँ में तू भी जाकर देख लेना

चाहता है गर इज़ाफ़ा शहर-ए-दिल में रौशनी का
अपने हिस्से का दिया इसमें जलाकर देख लेना

आँधियों से बात करने की ये ख़्वाहिश होगी पूरी
साहिलों पर अपना घर इक तू बनाकर देख लेना

मुतमइन कर पाएगा ख़ुद को यक़ीं इसका मुझे है
ज़ोम अपना और अना अपनी मिटाकर देख लेना

ताज तुझको भी बनाएंगे वो इक दिन अपने सर का
उनकी आँखों में भी क़द अपना बढ़ाकर देख लेना

एक अलग मंज़र तजल्ली का नज़र इसमें दिखेगा
इस ग़ज़ल को ख़ून-ए-दिल से तू सजाकर देख लेना

ग़ज़ल

आँख वालों ये बताओ, आसमाँ कैसा लगा?
हम जहाँ पर रह रहे हैं, वो जहाँ कैसा लगा?

चीरकर इस ख़ौफ़ के सन्नाटे को फिर दफ़'अतन
वो जो उभरा नारा-ए-अम्न-ओ-अमां, कैसा लगा?

काले, पीले, लाल, नीले, इन घरों के दरमियाँ
मेरा हल्के रंग का सादा मकां कैसा लगा?

आँधियों की आँखों में वो अपनी आँखें डालकर
आगे ही बढ़ता हुआ ये बादबां कैसा लगा?

चाहतों के सारे जज़्बे क़ाबिल-ए-तहसीन हैं
आप पर जो मर मिटा वो मेहरबां कैसा लगा?

मैं भी कहने से हूँ क़ासिर, ये वो मंज़र है मियाँ
जल चुके इक घर के मलबे का धुआँ कैसा लगा?

जानता हूँ क़ुर्ब उसका, तुझको मुश्किल से मिला
ऐ 'नज़र', ख़ुशबू भरा ये गुलसिताँ कैसा लगा?

ग़ज़ल

दुश्मनों को हम गले बढ़ कर लगाएं किस तरह
दिल हमारा साफ़ कितना है, बताएं किस तरह

जो हमारी आँख को भाता नहीं है दोस्तों
उसकी ख़ातिर दिल हमारा अब जलाएं किस तरह

चाहते हैं एक नया हम भी बनाएं आसमाँ
चाहने में क्या बुरा है, अब बनाएं किस तरह

पहले जैसी शक्ल नारों की नहीं अब इन दिनों
आज देखो, ज़ख़्म देती हैं सदाएं किस तरह

रंग उनका है अलग, तेवर भी हैं उनके अलग
छा रही हैं सर पे अपने भी घटाएं किस तरह

ये कोई मंज़र नहीं है जो हमें आए नज़र
दर्द-ए-दिल है, दर्द-ए-जाँ है, ये दिखाएं किस तरह

उनको है नफ़रत ग़ज़ल से, प्यार इस से हमको है
ये न हो तो रंग महफ़िल में जमाएं किस तरह

एक क़दम अपना बढ़ा है, एक क़दम वो भी बढ़ें
वो न आए, हाथ उनसे हम मिलाएं किस तरह

हुक्मरां बन कर हमारे सर पे बैठे हैं जो लोग
उन ग़लत अश्काल को जड़ से मिटाएं किस तरह

अपनी आवाज़ों में ग़ुम हैं सबके अपने-अपने कान
कुछ सुनाना चाहें इनको तो सुनाएं किस तरह

बस यही दिन-रात हम भी सोचते हैं ऐ 'नज़र'
हम किसी की माँग सूनी फिर सजाएं किस तरह

ग़म की धरती | सईद नज़र

ग़ज़ल

अपने आगे है तीरगी किस से?
ज़हन-ओ-दिल में है रौशनी किस से?

कौन है दर्द-ए-सर बता अपना
जम के करनी है दुश्मनी किस से?

चार-सू ख़ंजरों के ताजिर हैं
रहम माँगेगी ज़िंदगी किस से?

तुझ को करना है फ़ैसला उसका
है सुकूँ किस में, बेकली किस से?

किस में है इल्म का यहाँ मरकज़
हम को हासिल है आगही किस से?

सारे ग़म आ गए मेरे नज़दीक
मिल गई जाके हर ख़ुशी किस से?

तू भी उन पर नज़र जमाए रख
हो गई देख सरकशी किस से?

मैं हदफ़ पर था उसके कुछ पहले
अब मुख़ातिब है शायरी किस से?

मैं भी आशिक़ 'नज़र' हूँ ज़ुल्फ़ों का
होती है शाम सुरमई किस से?

ग़ज़ल

मौत बर हक़ है, सब को आनी है
कुछ दिनों की ये ज़िंदगानी है

उस की पैवस्ता है ज़मीन में जड़
उस का क़द देख आसमानी है

ख़ूँ रुला देती है पढ़ें जब भी
किस क़दर ग़म से पुर-कहानी है

कैसे समझेंगे गंजलक तहरीर
उस की कोई न तर्जुमानी है

अक़्ल हैरान है ख़लाओं से
आगे कैसी ये ला-मकानी है

जीना मुश्किल है मुफ़लिसों का यहाँ
दहर में जा-बजा गिरानी है

कैसे ताईद मैं करूँ उस की
हर तरह से ग़लत-बयानी है

वो समझते हैं हम को भी नादां
शक़्ल असली उन्हे दिखानी है

जिस पे बचपन था ऐ 'नज़र' कल तक
आज उस पर भरी जवानी है

ग़ज़ल

भाता है किसे देखिए तलवार का चेहरा
किस आँख में रहता है ये अंगार का चेहरा

पड़ता है हमें पाला शबो-रोज़ उसी से
रखता है कई चेहरे ये अख़बार का चेहरा

दिलदार अगर हो तो लुभाता है सभी को
बे-ऐब बना रहता है ज़रदार का चेहरा

अपनों के सितम सामने आते हैं हमारे
करता है मदद जब कोई अग़यार का चेहरा

हिजरत का मैं मारा हूँ मेरा हाल यही है
रहता है नज़र में मेरे घर-बार का चेहरा

सब छोड़ के जाना है किसी रोज़ यहाँ से
इतराता है किस पर ये ज़मींदार का चेहरा

इतना है वो सादा कि पता उसको नहीं कुछ
समझा ही नहीं वो कभी व्यापार का चेहरा

महसूस करें इसको तो लगता है हसीं और
ये बात न ला पाएगा इज़हार का चेहरा

पाता हूँ 'नज़र' नूर मयस्सर है सुकूँ भी
इस चाँद से क्या कम है मेरे यार का चेहरा

ग़ज़ल

अपने दिल को भी तू उछाला कर
हो सके तो कहीं उजाला कर

इल्म हो जाए, गिरने वाला है
आगे बढ़ कर उसे संभाला कर

उन के हाथों का लम्स हो जिस में
ऐसे ज़ख़्मों को दिल में पाला कर

दुश्मनों से उसे बचाना हो
उस के अतराफ़ तू भी जाला कर

दिल न माने तो साथ उस के न चल
जब तलक वो न समझे, टाला कर

ज़हन की धरती पर चला कर हल
उस से अश'आर कुछ निकाला कर

अपने में हो किसी के हाँ भी हो
नुख़्स आए नज़र, खंगाला कर

रत-जगा पाएगा सनद तेरा
हल्क़ा-ए-चश्म में भी हाला कर

ये अमल क़ाबिल-ए-क़ुबूल नहीं
मुँह किसी का 'नज़र' न काला कर

ग़ज़ल

उतर आओ तुम भी मियाँ इस ज़मीं पर
सुकूँ पाओगे आख़िरश तुम यहीं पर

तुम्हें पहले देखा न ऐसा कभी भी
कई बल पड़े हैं तुम्हारी जबीं पर

हसीं लोग मिलते कहाँ हैं जहाँ में
लुटा अपना सब कुछ किसी एक हसीं पर

इन्हें और मिलता नहीं है कोई भी
बलाएं उतरती हैं सीधे हमीं पर

मनाने बुझाने के हरबे हुए ख़त्म
वो अटका हुआ है नहीं पर, नहीं पर

सराबों से मेरा त'आल्लुक़ नहीं है
जहाँ मेरा क़ायम है मेरे यक़ीं पर

मेरे दिल की ख़्वाहिश है इतनी सी यारों
करम की निगाहें हों क़ल्बे-हज़ीं पर

न दीवार ख़ुश है, न छत उस के हक़ में
बुरा वक़्त आया ये कैसा मकीं पर

ये दावा नहीं है 'नज़र' एक सच है
मिलेगा न मुझ जैसा तुम को कहीं पर

ग़ज़ल

ऐसा क्या है इतना क्यों है ख़ौफ़ इस शमशीर से
भागने लगते हो तुम बे-जान सी ज़ंजीर से

मेरे आगे हैं उजाले हर तरह के दोस्तों
मुतमइन होता हूँ मैं बस शे'र की तनवीर से

उनकी गहरी दोस्ती पर हम सभी को नाज़ है
चाँद ग़म का मिल के आया देख दर्द-ए-मीर से

तेरी एक तिरछी नज़र से उसका होता इख़्तिताम
क्या ज़रूरी था बहाना क़ल्ब का ख़ूँ-तीर से

मैं तो ख़ुश हूँ अब तलक की ज़िन्दगी से हर तरह
मुझको तो कुछ भी शिक़ायत ही नहीं तक़दीर से

उसके कांधों पर छतें बे-फ़िक्र सोती हैं सदा
मेरी छत का गहरा रिश्ता भी है इस शहतीर से

शक़्ल असली भी बनी है बे-क़रारी का सबब
कैसे हासिल हो गई इसको ख़ुशी तस्वीर से

आँख को तस्कीन मिलती है, सुकूँ पाता है दिल
रूह भी होती है ख़ुश, ख़ुश-नुमा तामीर से

मिलना उसका इतना आसां भी नहीं है दहर में
ये बताएं ख़ुश न होगा क्या कोई अक्सीर से

और बातों के अलावा ऐ 'नज़र' ऐसा हुआ
इल्म क़द का भी हुआ अब एक तेरी तहरीर से

ग़म की धरती | सईद नज़र

ग़ज़ल

है बेहतर कमी को ख़ुदी में टटोले
हो अपना भी दिल गरचे मैला तो धो ले

ख़ुला आसमाँ तेरे सर पर रुका है
बढ़ा अपना दामन सितारे समो ले

सदा की ये चुपकी कहाँ तक है जायज़
ज़रूरत पे हर कोई लब अपने खोले

किसी को निशाना बनाने से पहले
तराज़ू में अपने को ख़ुद भी वो तोले

अंधेरों से पीछा छुड़ाना हो तुझ को
कोई चाँद चेहरा मिले साथ हो ले

झुलस जाएगा जिस्म नफ़रत से तेरा
मुहब्बत की बारिश में ख़ुद को भिगो ले

शिक़ायत किसी और के आगे क्यों हो
गिरां कुछ भी गुज़रे नज़र हम से बोले

ग़ज़ल

कर दुआ पहले फिर पिला मिसरा
मेरे हक़ में बने दवा मिसरा

मुझ को सूरज से भी बचाता है
बन के गहरी सी एक घटा मिसरा

हर्फ़ सारे सितारे बन जाएं
शे'र में इस तरह बिठा मिसरा

वो तो तेरा ही हो गया आख़िर
अब न कहना कि बेवफ़ा मिसरा

उसकी हालत बड़ी ही नाज़ुक है
ऐ ख़ुदा, पा ही ले शिफ़ा मिसरा

आ तुझे मैं सुना ही देता हूँ
क़ाबिल-ए-ग़ौर एक हुआ मिसरा

ख़ुद को देखें ज़रा सा उसमें वो
आगे बढ़ कर उन्हें दिखा मिसरा

तू उठाए तो दिल तलक जाए
जब कभी भी कहूँ उठा मिसरा

बस वही ज़ेब मुझ को देता था
नज़्म उसकी मैं कर दिया मिसरा

दाद-ओ-तहसीन के लगे नारे
मैंने तो एक ही कहा मिसरा

एक ही रंग-रूप है अपना
मेरा दिल, मेरी जाँ, मेरा मिसरा

ये सहारा है ऐ 'नज़र' मेरा
मेरे हाथों का भी असा मिसरा

ग़ज़ल

आँखों से लगाता है वो अश'आर ग़ज़ल के
सीने में बसाता है वो अश'आर ग़ज़ल के

उनके ही तो साए में है महफ़ूज़ हर एक दिल
किस दिल से जलाता है वो अश'आर ग़ज़ल के

मुश्किल था किसी का भी सफ़े-नज्म में रुकना
उस सफ़ में सजाता है वो अश'आर ग़ज़ल के

लगता है यही एक ख़जाना है मयस्सर
तोहफ़े में भी लाता है वो अश'आर ग़ज़ल के

माइल न तबीयत हो तो मिसरा भी न होगा
कहते हैं बनाता है वो अश'आर ग़ज़ल के

ज़म हो के ज़मीनों को करें और भी सराब
झरनों में बहाता है वो अश'आर ग़ज़ल के

हर रोज़ उन्हें सुनते हैं हम दिल से 'नज़र' देख
हर रोज़ सुनाता है वो अश'आर ग़ज़ल के

ग़ज़ल

जाने क्यों मुझ से है ख़फ़ा बारिश
मेहरबाँ उस पे हैं हवा, बारिश

आप को कुछ भी वो नज़र आएं
दिल हैं अतफ़ाल के घटा बारिश

प्यासी धरती को चाहिए क्या और
उस पे बरसा मेरे ख़ुदा बारिश

दौरे-हाज़िर का है अनोखा रूप
साथ चलने लगे दिया-बारिश

जब भी छेड़ा किसी ने फ़ितरत को
आ गई देने फिर सज़ा बारिश

उस ने पूछा अज़ीज़ क्या है उसे
मेरे दिल ने भी कह दिया बारिश

आग बन कर डराने आया वो
ऐ 'नज़र' मैं भी हो गया बारिश

ग़ज़ल

जिस्म से ताक़त हटे तो रूह को भी तू हटा दे
और कुछ बनना नहीं है मुझ को बस मिट्टी बना दे

हर कोई मसरूफ़ है उस से जो आगे है गिरा दे
तू अलग अपनी डगर पर चल गिरे जो भी उठा दे

गो कि तारा हूँ मुझे रहना नहीं है आसमाँ में
एक अंधेरी रहगुज़र के मोड़ पर मुझ को बिठा दे

गंजलक किस के सबब तहरीर इतनी हो गई है
कर अहाता हर्फ़ कोई हो ग़लत उस को मिटा दे

हर तरह से शे'र को रुकना पड़ेगा बन के दर्पण
हो मुक़ाबिल उसके कोई उसका सच उस को दिखा दे

तुझ से वादा है बुरा हम भी नहीं मानेंगे हरगिज़
जब कभी भी सामना हो दिल में जो कुछ है सुना दे

हाल में जीना है तुझ को आने वाले कल की हो फ़िक्र
तेरे बस में है अगर तू अपने माज़ी को भुला दे

ज़हन-ओ-दिल किस काम के हैं जिस्मो-जाँ ये किस लिए हैं
ऐ 'नज़र' एहसास इसका कुछ उन्हें भी तो दिला दे

ग़ज़ल

रूह को अपनी सजानी है सजानी दिल से
"ईद इस बार मनानी है मनानी दिल से"

दिल की दुनिया के मनाज़िर हैं हसीं नज़रों में
दिल पे लिक्खी ये कहानी है कहानी दिल से

दौर-हाज़िर के कई नक़्श हों रोशन जिस में
ऐसी तस्वीर दिखानी है दिखानी दिल से

सारे चश्मों पे तुम्हारा ही तो क़ब्ज़ा ठहरा
प्यासे लोगों को पिलाओ ज़रा पानी दिल से

उसकी आँखों में चमक लब पे हंसी है गहरी
बात उसने भी मेरी देख ले मानी दिल से

दिल जवाँ हो तो नज़र आती है दुनिया भी जवाँ
रहती क़ायम है मेरे यार जवानी दिल से

जिस का हर शे'र तग़ज़्ज़ुल से मुज़य्यन है 'नज़र'
ये ग़ज़ल तुझ को सुनानी है सुनानी दिल से

ग़ज़ल

मुसलसल तेरे आँसुओं का ये ढलना
किया दिल को ग़मगीं तेरा यूँ मचलना

किसी तरह आ तो गए हैं जहाँ में
नहीं इतना आसाँ यहाँ से निकलना

किसी मोम की शक्ल से क्यों है नालाँ
मुक़द्दर में लिक्खा है उसके पिघलना

हुए हम भी हैराँ तुम्हारी चलन पर
कहाँ से ये सीखा है चेहरा बदलना

मफ़र ठोकरों से है किस को जहाँ में
हमें आता है गिरके फिर से सँभलना

रखो ख़ुद को क़ाबू में, ऐसा भी क्या है
बहुत हो गया है तुम्हारा उछलना

मुझे कैसे भाता ये उसका तरीक़ा
मेरी शोहरतों से 'नज़र' उसका जलना

ग़ज़ल

जब भी तुझ में वो खो सा जाता है
ख़ुद को तारों की सफ़ में पाता है

है अभी भी बुलंदियों पर वो
और भी जस्त वो लगाता है

जैसे हम रेत के घरोंदे हों
वो बनाता है फिर मिटाता है

नफ़रतों में है आग पोशीदा
किस लिए उनको दिल में लाता है

हम यक़ीनन वहाँ पे जाते हैं
प्यार से हम को जो बुलाता है

उस की आदत अजीब है यारों
करके एहसान फिर जताता है

अपनी हद में वो रहने लगते हैं
आईना जब कोई दिखाता है

ताकि औक़ात में रहें अपनी
वक़्त मिट्टी में भी सुलाता है

किस मज़े से 'नज़र' वो दीवाना
इश्क़ के गीत गाता जाता है

ग़ज़ल

पगड़ी के साथ-साथ मियाँ उसका सर गया
मरना उसे भी होगा जो मरने से डर गया

देखा है हमने ये भी जो ग़फ़लत में लोग थे
शीराज़ा उनका कैसे अचानक बिखर गया

होने लगा शुमार सितारों में उसका अब
तेरे हुनर से जो भी जहाँ में सँवर गया

सुनते थे दिल नहीं, कोई पत्थर था सीने में
कैसे वहाँ पे नर्म सा लहजा उतर गया

आसानियाँ भी हमको मयस्सर हुई थीं कल
मुश्किल भरा ज़माना भी अपना गुज़र गया

वादा वफ़ा हो गरचे तो इज़्ज़त बनी रहे
वादे से अपने कौन है वो जो मुकर गया

मेरी बुझी-बुझी सी इन आँखों के सामने
उजड़े हुए दयार का मंज़र ठहर गया

चर्चे हैं उसके सब्र-ओ-तहम्मुल के दहर में
थोड़ी सी बात पर ही वो इतना बिफर गया

हमराह मेरे यादें 'नज़र' उसकी रह गईं
दौर-ए-शबाब मेरा भी जाने किधर गया

ग़म की धरती | सईद नज़र

ग़ज़ल

जितना देखा है यार काफ़ी है
और क्या देखना याँ बाक़ी है

मुझ से उलझोगे होगी हैरानी
मेरे अंदर भी आग पानी है

अनगिनत फ़ासले हैं आगे और
दो क़दम की ही ये रसाई है

हम को रहना है इस ज़मीं पर ही
मैं जुनूबी हूँ, वो शुमाली है

सब ने देखा है हम भी देखेंगे
जो भी क़िस्मत हमें दिखाती है

अपना रिश्ता भी उस से है मज़बूत
हर तरफ़ इस जहाँ में माटी है

बाल की खाल से है उनको काम
मेरी दुनिया 'नज़र' ख़याली है

ग़ज़ल

ये अमल मुश्किलों का हल जाना
मेरे चेहरे पे हाथ मल जाना

दिल के हक़ में ये ठीक ही होगा
आँख से आँसुओं का ढल जाना

जब कभी भी लगे ये रस्ते में
एक ठोकर से ही संभल जाना

मुझ को हैरान कर गया आख़िर
तेरा भी इस क़दर बदल जाना

ये भी देखा है एक आलम ने
लम्हे में बस्तियों का जल जाना

किस ने रोका है तुम को जाने से
चाहे तो आज ही निकल जाना

एक अजब सा सुकून देता है
गहरी रातों का सर से टल जाना

कब था अंदाज़ा मेरी ताक़त का
मेरा पंजा लड़ा तो बल जाना

अच्छा लगता है कुछ खिलौनों से
रोते बच्चे का यूँ बहल जाना

आम सी बात है किसी का पैर
बारिशों में 'नज़र' फ़िसल जाना

ग़ज़ल

ये हमारे मक़ाम की है बात
चुप रहें कैसे नाम की है बात

तू परेशाँ जरूर होगा फिर
फ़ितना-गर ये सलाम की है बात

ज़ुर'अत-ए-चश्म का तकाज़ा है
गहरे रोशन कलाम की है बात

इश्क के ही लिबास में आना
मेरे दिल में क़याम की है बात

सुबह के काम तो मुक़म्मल हों
रहने दे वो जो शाम की है बात

मेरा हक़ है लड़ूँगा इस पर मैं
मेरे हिस्से के जाम की है बात

सारी दुनिया ने इसको अपनाया
ख़ूबसूरत पयाम की है बात

हम यक़ीनन हैं इस पे संजीदा
भाई ये इंतक़ाम की है बात

फ़िक्रमंद इस पे इतना होना क्या
जो 'नज़र' इख़्तिताम की है बात

ग़ज़ल

मुझ को लेनी है मदद अफ़कार से
ज़हन का है सामना रफ़्तार से

काम बनते हैं बिगड़ भी जाते हैं
क्या नहीं होता है इस गुफ़्तार से

दिल हमारा चैन कैसे पाएगा?
दूर हैं हम अपने ही घर-बार से

कोशिशों से शाह एक बन जाएं आप
दुश्मनी क्यों हो किसी ज़रदार से

हौसलों का वो था आलम दोस्तों
मैं भी खेला करता था अंगार से

तंज़-ओ-ग़म जितने मिले काफ़ी नहीं?
और क्या-क्या चाहिए संसार से

जिस्म सारा नीला कर के छोड़ेगा
ज़हर उसका भी नहीं कम मार से

सच ही बोलेंगे नतीजा जो भी हो
वैसे तो डरते नहीं हम दार से

जीत कर ही लेंगे दम, लेंगे दम
हौसला खो जाएं हम एक हार से!

ज़ंग से इस को बचाना शर्त है
काम ले लूँगा कभी तलवार से

कोई साज़िश इस के पीछे है 'नज़र'
नफ़रतें बहने लगीं अख़बार से

ग़ज़ल

फिर न घबराऊँ अंधेरों से क़मर भी देना
मेरी आँखों को हसीं एक सहर भी देना

मुझ को उड़ने की तमन्ना है हवाओं में बहुत
हौसला देना मगर साथ में पर भी देना

हुक्म लाऊँगा बजा शम्स को ले जाने का
अर्ज़ इतनी सी मेरी है कि शजर भी देना

कुछ बने बात न हम से तो सभी कुछ बेकार
"ज़िंदगी दी है तो जीने का हुनर भी देना"

ग़म में डूबी हुई ख़बरें ही दिया करते हो
एक दिन लुत्फ़ भरी कोई ख़बर भी देना

बे-सहारों का है दुशवार जहाँ में जीना
तेरी दुनिया में जो आए हैं तो घर भी देना

मुझ से हो जाए भलाई का कोई काम यहाँ
कर दिए तूने अता दस्त, हुनर भी देना

ताकि पढ़ पाएं, सभी चेहरों को आसानी से
सिर्फ़ आँखें ही नहीं तेज़ नज़र भी देना

वो रहे अपनी ही हद में न बढ़े आगे कहीं
यूँ वो मानेगा 'नज़र'! क़ल्ब को डर भी देना

ग़ज़ल

तराज़ू में वो पहले तोलता है
लगे दिल को तो बढ़ कर मोलता है

अजब चाहत है इसको इस ज़बां से
वो घुट्टी में भी उर्दू घोलता है

फ़िज़ा तो इस से मिलना चाहती है
वो कम ही दर-दरीचा खोलता है

वो मुँह पर कह दिया करता है जो भी
कि नादां है मुसीबत मोलता है

मैं कैसे चुप कराऊँ उसको यारों
कोई मुझ में मुसलसल बोलता है

पता है इसको बोलें कब न बोले
वो अपने वक़्त पर मुँह खोलता है

उसे है खोज किस शै की यहाँ पर
'नज़र' सहरा में अक्सर डोलता है

ग़ज़ल

तेरी यादों का मेरे पास डेरा था
वहीं पर मेरा रात और दिन बसेरा था

मेरे हाथों में जब रोशन सवेरा था
अंधेरों ने मुझे भी बढ़ के घेरा था

तेरा सूरज तो आया था जलाने को
मेरे सर पर जो बादल था, घनेरा था

बड़ी मुश्किल से पहुँचे हम तेरे घर पर
बड़ा दिक़्क़त तलब रस्ते में फेरा था

सभी मुमकिन है क़ुदरत की हैं ये बातें
कई चीज़ों को पल में ही बिखेरा था

कई सौ मछलियों का इस पे था क़ब्ज़ा
जिसे वो खा रही थीं एक मछेरा था

मुझे फिर भी लगा डर साँप से बेहद
मेरे बाज़ू में हालाँकि सपेरा था

कहे गर तो रुकेंगे आगे बढ़ने से
चलें हम फ़ैसला वो भी तो तेरा था

अमल था जिनका सालेह वो बहुत ख़ुश थे
गुनाहों का किसी के पास ढेरा था

सगे भाई के जैसा था यक़ीनन वो
ये बिलकुल सच है रिश्ते में मुमेरा था

ज़मीं का कोई हिस्सा हो 'नज़र' सुन ले
न तेरा है कभी भी ये, न मेरा था

ग़ज़ल

मेरा वो जो मकाँ होगा
मुहब्बत का निशाँ होगा

जली थी रात भर बस्ती
उसी का ये धुआँ होगा

कहाँ है रहम धरती पर
कहाँ अम्न-ओ-अमाँ होगा

तेरे अश'आर का चर्चा
यहाँ होगा, वहाँ होगा

उसे उड़ने की ख़्वाहिश है
नज़र में आसमाँ होगा

जिसे चाहे तू अपना ले
यक़ीं होगा, गुमाँ होगा

जहाँ पर हम रहेंगे वो
जहानों का जहाँ होगा

ये दुनिया यूँ ही मानेगी!
वो एक अहले-ज़बाँ होगा

'नज़र' ये जोश कैसा है
कोई जज़्बा निहाँ होगा

ग़म की धरती | सईद नज़र

ग़ज़ल

जान लें, ज़िंदगी का हिस्सा हैं
हम भी इस रौशनी का हिस्सा हैं

क़द्र हो दहर में हमारी भी
देखिए आगही का हिस्सा हैं

कोई उम्मीद उनसे रखना क्या
छोड़िए बेहिसी का हिस्सा हैं

दर्द कुछ रह गए हैं दिल में ही
रहने दें, अनकही का हिस्सा हैं

ये सुराही ये जाम और साक़ी
ये सभी मय-कशी का हिस्सा हैं

चार-सू नफ़रतों के हैं शोले
हाय रे, किस सदी का हिस्सा हैं

नाज़ुकी, दिलकशी, तमन्नाएँ
ख़ुश-नुमा एक कली का हिस्सा हैं

गुल-नुमा लब-हसीन आँखें सब
जाने-मन शायरी का हिस्सा हैं

ये अपाहिज बदन 'नज़र' सारे
क्या कहूँ बेबसी का हिस्सा हैं

ग़ज़ल

ऊब जाएं ना कहीं, ये मुफ़लिसों की बात है
वो चमक जो दिख रही है दौलतों की बात है

गरचे इस से फ़र्क़ पड़ता हो किसी को तो पड़े
सर के बल हम जाएंगे ये चाहतों की बात है

सरज़मीने-पाक को छोड़ेंगे क्यों हम दोस्तों
क्या बताएं हम सबब बस रहमतों की बात है

छोड़ आए हैं उसे भी और उसके घर को भी
और कितना हम सहेंगे ज़िल्लतों की बात है

बढ़ रहे हैं ख़ौफ़ के साए हमारी सिम्त ही
हम यक़ीनन हैं परेशाँ, दहशतों की बात है

शे'र अपनी एक अलग दुनिया का हामिल है जनाब
शायरी के पहलुओं में वस'अतों की बात है

मश्क़ चेहरे, ज़ख़्म गहरे, हू का आलम चार-सू
ख़ून में डूबी हुई उन हालतों की बात है

रोना धोना छोड़ कर ख़ुद को बचाएं हर तरह
सर पे जो आई मुसीबत ग़फलतों की बात है

ऐ 'नज़र' बैठे बठाए कोई शै हाथ आएगी!
आसमाँ यूँ ही मिलेगा, मेहनतों की बात है

ग़ज़ल

मदद ही की ख़ातिर पुकारा गया
न आया कोई भी, वो मारा गया

सितम के न सीमा है इनकी कोई
जो था सब्र यारों हमारा गया

दिलों पर असर इस ग़ज़ल का हुआ
दिल-ओ-जाँ से उसको निखारा गया

तू ऐसे न बन पाता एक आसमाँ
तेरी शख़्सियत को ऊभारा गया

तेरा झूठा चेहरा नज़र आते ही
उसी लम्हा तुझ को नकारा गया

बचा पाना इसको तो मुमकिन न था
ज़माने से अपना भी प्यारा गया

अलग हो के घर से अभी ज़िंदा हैं
क़रार अपने दिल का ख़ुदारा गया

हमें ज़ेर करना क्या आसान था
कोई मस्लहत थी जो हारा गया

कमी हम में कोई तो होगी 'नज़र'
हमें छोड़ कर ये जो तारा गया

ग़ज़ल

कई सदियों से है ठहरा
नज़र में रेत का सहरा

न जाने रंग कितने ही
धरा है आप का चेहरा

मेरे एतराफ़, ऐ जानम
तेरी यादों का है पहरा

ग़ज़ल उस को सुनानी है
मेरा सामे है पर बहरा

इसे लेना न हलके में
अदब का बहर है गहरा

कमाल अपना दिखा ऐसा
तेरे सर जाएगा सेहरा

अलम अपने वतन का है
हवाओं में 'नज़र' लहरा

ग़ज़ल

दोस्ती की दुहाई देता है
फिर भी रस्ते में खाई देता है

मुझ से पूछो कि कैसा गुज़रा वक़्त
ज़ख़्म दर्द-ए-जुदाई देता है

उस पे शक़ और भी हुआ मुझ को
कुछ ज़ियादा सफ़ाई देता है

तू नहीं मेरे सामने लेकिन
तेरा चेहरा दिखाई देता है

वो कहा करता है दरूने-दिल
पर मुझे भी सुनाई देता है

शे'र हो ख़ूब तो दिल-ओ-जाँ से
सारा आलम बधाई देता है

चश्म-ए-बेरंग को 'नज़र' मेरी
रंग मिसले-हिनाई देता है

ग़ज़ल

ज़ख़्म अपने उन्हें दिखाना क्या
जो भी है हाल-ए-दिल बताना क्या

कैसी ज़िद है समझ से बाहर है
राख़ है राख़ को जलाना क्या

हर्फ़ आता है मुझ पे आने दो
लिख दिया जो उसे मिटाना क्या

आग भी ज़िंदगी का हिस्सा है
अब मुक़म्मल उसे बुझाना क्या

एक दिन ये चिराग़ गुल होगा
लौ घटाना क्या और बढ़ाना क्या

वो हमेशा मेरे मुख़ालिफ़ था
हाथ उससे भला मिलाना क्या

क़त्ल से बच के भी मरेंगे हम
कटने दे सर 'नज़र' झुकाना क्या

ग़ज़ल

उनकी बातों का सिरा एक जाता है तलवार तक
वो पहुँच ही जाते हैं आराम से अंगार तक

मेहनतों का फल मिले तो मुतमइन हो जाएं ये
दाद की आए महक मेरे भी इन अश'आर तक

सच तो ये है उम्र सहरा ही में हमने काट दी
कम से कम एक मर्तबा जाने तो दें गुलज़ार तक

कर दिया तन्हाईयों ने इस क़दर बेहाल अब
रो रहे हैं हाल पर मेरे यहाँ अग़यार तक

जो बनी है दरमियाँ क्यों ढह नहीं सकती मियाँ
मैं पहुँचना चाहता हूँ अब वही दीवार तक

उनकी मंशा के मुताबिक़ छप रहे हैं दोस्तों
ज़ालिमों से बच न पाये शहर के अख़बार तक

जानता हूँ फिर भी मैं तुमको करूँगा बेनक़ाब
मेरा सच ले जाएगा मुझे तुम्हारे दार तक

लाख कोशिश पर भी मैं वो कह नहीं पाया अभी
मुझको भी ज़िंदा तो रख उस फ़िक्र के इज़हार तक

जीत से हर बार की मेरी परेशाँ तुम भी थे
देखना था तुमको ख़ुश सो मैं गया था हार तक

हम उन्हें समझा बुझाके लाएंगे अपने भी घर
हर ख़ुशी रुकती है जाकर क्या फ़क़त ज़रदार तक

वो फ़लक के मंज़रों में ख़ुद को पाएगा 'नज़र'
जिस किसी की है रसाई पुर-असर अफ़कार तक

ग़ज़ल

भयानक किस क़दर हालात हैं इन पर नज़र डालें
लहू में तर-बतर जज़्बात हैं इन पर नज़र डालें

नहीं अंदाज़ा इसका कब कोई तूफ़ान आ जाए
ये जो घेरे हुए ख़दशात हैं इन पर नज़र डालें

तवज्जो की ज़रूरत है बढ़ें आगे क़दम कुछ तो
निहाँ दिल में कई सदमात हैं इन पर नज़र डालें

मिला है फल मेरी मेहनत का जो मुझको मिले हैं ये
मेरे हाथों में इन'आमात हैं इन पर नज़र डालें

नज़रअंदाज़ करते जा रहे हैं एक अरसे से
हकीक़ी कुछ तो ये हाजात हैं इन पर नज़र डालें

इन्हीं में से हैं कुछ ग़ैरत के मारे आपके साथी
ये जो बेचैन से दिन-रात हैं इन पर नज़र डालें

हमें नाहक़ बहुत रुस्वा किया जाता है दुनिया में
कई सौ ऐसे इल्ज़ामात हैं इन पर नज़र डालें

हमारे शे'र भी एक आसमाँ रखते हैं बातिन में
हसीं इनमें भी पैग़ामात हैं इन पर नज़र डालें

भले रौनक़ नहीं है इन के चेहरों पर 'नज़र' साहब
मेरे गुज़रे हुए लम्हात हैं इन पर नज़र डालें

ग़ज़ल

सारी मायूसियाँ गुमाँ पर लिख
हौसले सारे आसमाँ पर लिख

बे-सहारों की दास्ताँ इक आध
अपने पुख़्ता हसीं मकां पर लिख

लफ़्ज़ रौशन हों गर मयस्सर तो
छोड़ना मत, यहाँ-वहाँ पर लिख

अपने अंदर तुझे बसाया है
तेरे अपने ही इस जहाँ पर लिख

ये तो इक बे-बहा ख़ज़ाना है
ले क़लम तू भी अपनी माँ पर लिख

जंग में हार का सबब थी वो
उस शिकस्ता सी इक कमां पर लिख

जो हुए दुश्मनों के हाथों क़त्ल
बच्चे बूढ़ों पे लिख, जवाँ पर लिख

तूने पाई है उस से मंज़िल इक
शुक्रिया दिल से उस निशां पर लिख

देख तेरा क़लम भी चीखेगा
ग़म से जो चूर है वो जाँ पर लिख

जान लेगा ग़ज़ल की अहमीयत
शे'र इक प्यारा सा ज़बाँ पर लिख

ऐ 'नज़र' लुत्फ़ पर तो लिक्खा है
दिल से उठती हुई फ़ुग़ाँ पर लिख

ग़ज़ल

मेरे क़रीब थोड़े से दीवाने आ गए
होश-ओ-ख़िरद की बातें वो बतलाने आ गए

उड़-उड़ के थक चुके जो परिंदे हज़ार बार
आख़िर शजर की डाल पे सुसताने आ गए

जुर'अत का इक अनोखा ये अंदाज़ देखिए
बंजर ज़मीं पहाड़ वो अपनाने आ गए

गोया कि मशग़ला है यही उनका रात-दिन
तरसे हुओं को और भी तरसाने आ गए

हम हैं किराएदार वो हैं मालिक-ए-मकान
दरवाज़ा दोनों हाथों से खटखटाने आ गए

बे-रंग करने आए थे ज़ुल्मात कर गए
कुछ तारे हम को शौक़ से चमकाने आ गए

वो चाहते यही हैं कि मंज़िल न पाएं हम
हम को हमारी राह से भटकाने आ गए

शैतान के हैं कितने वफ़ादार, देख लें
शोलों को हुक्म मिलते ही झुलसाने आ गए

वो आज़मा के हम को कई बार थक चुके
फिर भी न जाने कितने ही पैमाने आ गए

अपने कहे पे आया न कोई यक़ीन जब
आईना साफ़ उनको भी दिखलाने आ गए

ख़ुशबू बसी है उनके इक-इक लफ़्ज़ में 'नज़र'
कुछ शे'र मेरी ज़ात को महकाने आ गए

ग़ज़ल

कई रौशन सितारे दोस्तों उर्दू ज़बां में हैं
अलम थामे हुए सदियों से इसका हम जहाँ में हैं

यही इक बात तुम को मैं बताना चाहता हूँ अब
ख़ुशी के गुलसिताँ महफ़ूज़ बस अम्न-ओ-अमां में हैं

निकल कर जाइए इससे यक़ीं की सिम्त बेहतर है
कई उलझे हुए चेहरे इसी इक बद-गुमां में हैं

इसी ख़ातिर तो आते हैं यहाँ पर आए दिन हम भी
हमारे काम की चीज़ें बहुत सी इस दुकान में हैं

इसे छेड़ें न गरचे ये बड़ा ख़ामोश है लेकिन
बहुत ही पुर-ख़तर अम्वाज बहर-ए-बेकरां में हैं

ज़रूरत है हमें गहरी नज़र से इन को पढ़ने की
हयात-ओ-मौत के असबाक़ गहरे गुलसिताँ में हैं

तुम्हें रोका है किस ने हो सके तो बढ़ के अपना लो
ख़ज़ाने आगही के सब ज़मीन-ओ-आसमाँ में हैं

सलीक़ा हो तो आसानी से दिल को जीत सकते हैं
असर की सारी तरकीबें फ़क़त ज़ोर-ए-बयां में हैं

अबस है ढूंढ़ना बाज़ार में इन को किसी भी तौर
सुकूं के अनगिनत लम्हे 'नज़र' अपने मकां में हैं

ग़ज़ल

अभी तक तो हूँ ज़िंदगी के सफ़र में
कई मोड़ आए मेरी रहगुज़र में

बताना दिखाना ये मुमकिन नहीं है
इक ऐसी भी दुनिया है मेरी नज़र में

उन्हें आसमाँ में ज़रा उड़ने तो दें
बुलंदी निहाँ है परिंदों के पर में

कई फ़ायदों का है इस में ख़ज़ाना
मेरे दोस्तों, क्या नहीं है शजर में

गिला तुम पे वाजिब नहीं ताज़गी का
हवा ताज़ा आने तो दें अपने घर में

यही बात इस का बढ़ाती है रुत्बा
चमक दायमी इस क़दर है गुहर में

मेरा फ़र्ज़ बनता है तुम को बताना
बड़ा फ़र्क़ होता है ज़ैर-ओ-ज़बर में

हमें अच्छे लगते हैं ख़रियों के मंज़र
कई लोग रहते हैं दिल से नगर में

गुज़रने लगा है वो तूफ़ां से बे-ख़ौफ़
अजब सा 'नज़र' कोई सौदा है सर में

ग़ज़ल

ख़ुद-नुमाई के ढोल बजते हैं
इल्म इसका है कितने भद्दे हैं

इन को समझाइए मुहब्बत से
डांटिए मत, अभी ये बच्चे हैं

बस इरादा हो आगे बढ़ने का
आप के आगे भी तो रस्ते हैं

शान वाले ज़रा ये सुन तेरी
चार-सू बुज़दिली के चर्चे हैं

टूटे बर्तन हैं उनके हाथों में
जाने किस सोच में वो बैठे हैं

काम आएंगे हम अंधेरों में
हम दिया हैं कहीं भी जलते हैं

हम ने देखा है आप भी देखें
कैसे-कैसे यहाँ पे चेहरे हैं

ज़हर छोड़ेंगे, फाड़ भी देंगे
दांत इन के बहुत नुकीले हैं

मैं तो ताज़ा हवा का आदी हूँ
घर में मेरे 'नज़र' दरीचे हैं

ग़ज़ल

हम को रहना नहीं दबेले में
पड़ न जाएं किसी झमेले में

ये भी इक फ़ायदा है मेरे लिए
ख़ुद से मिलता हूँ मैं अकेले में

क़स्र के आरज़ू का मतवाला
कच्चे घर बेचता है ठेले में

यूँ ही तारीफ़ किस की होती है
कोई तो बात होगी चेले में

उस का बिस्तर नहीं है पत्थर का
क्यों वो बेचैन है गदेले में?

जुड़ना चाहें तो उस से जुड़ जाएं
रहता है इक हुजूम मेले में

मैं भी कश्ती 'नज़र' हूँ मिट्टी की
मुझ को बहना पड़ेगा रेले में

ग़ज़ल

क्यों पीटता है अपना ही ये सर पुकार ले
मिल जाएगा तुझे भी कोई दर पुकार ले

रहम-ओ-क़रम की खिड़कियां मुमकिन नहीं खुलें
तुझ को हो आज़माना तो घर-घर पुकार ले

धरती की बेनियाज़ी से हैरान वो भी है
क्या होगा हश्र उसका जो अंबर पुकार ले

अंदेशा है कि सारा सुकूं बर का जाएगा
गर आँधियों से मिल के समुंदर पुकार ले

हावी न होने देना कभी ख़ुद पे कोई चीज़
हिम्मत जवाब दे देगी गर डर पुकार ले

तेरे ही दम से हौसले ज़िंदा हमारे हैं
सह ना सके जो दर्द तो अंदर पुकार ले

इस का असर ज़रूर हुआ करता है 'नज़र'
जब भी जहाँ कहीं भी सुख़नवर पुकार ले

ग़ज़ल

बात दो टोक हम को कहनी है
अपनी हस्ती भी कोई हस्ती है

ख़ौफ़ खाती है होशमंदों से
एक लड़की जवां जो पगली है

तल्ख़ लहजे की काट से उन की
दिल हमारा भी देख छलनी है

ख़ुशनुमा इक फ़लक है उसके पास
साथ मेरे भी ग़म की धरती है

झूलते हैं बहुत शजर पर फल
कितनी मज़बूत उसकी टहनी है

चाँद तारे हमेशा दिखते हैं
एक ऐसी भी दिल में खिड़की है

मैं हूँ हैरां उड़ान पर उस की
जो कबूतर बड़ा ही ज़ख़्मी है

कोई मिलवाए मेरी दादी से
फिर कहानी परी की सुननी है

इसका सादा है पैरहन लेकिन
शायरी, ऐ 'नज़र', ये गहरी है

ग़ज़ल

ख़ूबसूरत जहाँ किताबों का
है यहाँ गुलसिताँ निसाबों का

जज़्बा-ए-एहतराम   जागेगा
देख पाकीज़ापन हिजाबों का

ख़ैर अपनी मनाओ, ऐ लोगों
सिलसिला चल पड़ा अज़ाबों का

हम को करना है पार हर मुमकिन
आगे है कोह एक सराबों का

जितनी तारीफ़ भी करें कम है
ऐसा किरदार है गुलाबों का

वो मुख़ालिफ़ तो थे मगर उन पर
कुछ असर तो हुआ जवाबों का

हुस्न की इंतिहा को पाना हो
जाएग़ा लीजिए नक़ाबों का

जिन से तब्दील हो गई दुनिया
ज़िक्र हो ऐसे इन्क़लाबों का

नफ़रतों का न हो कोई नारा
रुख़ हो रोशन 'नज़र' ख़िताबों का

ग़ज़ल

पत्थरों को राह से बिलकुल हटाया जाएगा
कुछ घने अश्जार से रस्ता सजाया जाएगा

एक दिन हो जाएंगे तब्दील वो भी आग में
सूरजों के हामियों को ये बताया जाएगा

वो जो चेहरा उन दिनों एक इब्तिदाई ख़त पे है
उसको नुक़्ता इंतिहा का भी दिखाया जाएगा

आख़िरश होगा यही गरचे बढ़ेंगे ज़ुल्म और
आफ़तों का आसमाँ सर पर गिराया जाएगा

हम नहीं तकिया करेंगे फ़ैसला अपना है ये
बोझ अपना अपने कांधों पर उठाया जाएगा

कैसे मानें शोला रुख़ को ये अना की बात है
मशवरा झुकने का मत दें, सर कटाया जाएगा

इस हसीं नादिर ग़ज़ल के ही सहारे देखना
रंग महफ़िल में 'नज़र' बे-हद जमाया जाएगा

ग़ज़ल

ज़ुल्म हम ने भी सहे हैं ज़िंदगी में तीरगी के
हम पे भी एहसाँ कई हैं आसमानी रौशनी के

हम ही पा लें हर सुकूँ और हम ही रह लें दहर भर में
दूर-हाज़िर का ये सच है ये इरादे हैं सभी के

सर किसी का कट चुका है घर किसी का जल चुका है
आगे आए सामने अपने नतीजे दुश्मनी के

देख पाऊँगा उन्हें ऐसा मुझे लगता नहीं है
हो गए अक़्दार ओझल मेरी आँखों से कभी के

मैं हूँ हैरां ऐसे मंजर पर मुझे अफसोस भी है
बहर में डूबे मिले मुझको कई दिल बेहिसी के

कोई जुम्ला ज़ख़्म से ख़ाली नहीं है देख तो लें
क्या बताऊँ ख़ुद ही सोचें ये हैं किस्से इस सदी के

ऐ 'नज़र', उंस-ओ-वफ़ा का बरमला इज़हार है ये
शायरी से हम ने पाए हैं ख़ज़ाने आगही के

ग़ज़ल

मुझ से जो बन पड़ा बस वही तो लिखा
कीजिए आप भी इस पे कुछ तबसरा

आप की चाल से, आप की बात से
किस को नुकसाँ हुआ और किसे फ़ायदा

अब यहाँ तीरगी के सिवा कुछ नहीं
बुझ गया अपने भी सहन-ए-दिल का दिया

लोग मुर्दा कहेंगे तुझे भी यहाँ
इस क़दर बेहिसी कुछ तो देना सदा

दिन में तारे नज़र आते हैं याद रख
जब भी आती है सर पर अचानक बला

ये जहाँ है जहाँ के ये अश्कवाल हैं
बा-वफ़ा है कोई तो कोई बे-वफ़ा

मैं भी ख़ामोश हूँ ये अलग बात है
मेरे अंदर भी है एक महशर बपा

जान देना क्या आसान है दोस्तों
सोचिए ये नहीं इश्क़ की इंतिहा

कब से ख़िदमत में अपनी लगे हैं 'नज़र'
ये ज़मीं, आसमाँ, ये समुंदर, हवा

ग़ज़ल

इस तरह फ़ैज़ उठाते हैं उठाने वाले
देखते ख़ुद भी हैं तुम को भी दिखाने वाले

लोग अच्छे हैं वो जो राह दिखाने वाले
कम ही मिलते हैं हमें दहर सजाने वाले

जाने क्यों तुझ पे वो तैयार हैं बरसाने संग
राह में पल्कें तेरी आ के बिछाने वाले

अपने ही हाल को ले कर जो परेशाँ हैं बहुत
क्या यही लोग हैं वो फ़ाल बताने वाले

फिर भी लग जाता है अंदाज़ा दिलों के ग़म का
गरचे मिलते हैं हमें ज़ख़्म छुपाने वाले

देख ही लेते हैं मक़सद भरी दुनिया अपनी
ख़ुद को अंधा जो जहाँ भर में बताने वाले

वो बहानों से 'नज़र' काम कभी लेते नहीं
वो हैं हर हाल में भी वादा निभाने वाले

ग़ज़ल

आप का बोलना करें कुछ कम
आप का भाई थोड़ा सर हो ख़म

कुछ संभल कर ही चलना बेहतर है
आगे अपने है रौशनी मद्धम

सामने आते ही तड़पता हूँ
अपना हो या कोई पराया ग़म

कोई पुरसान-ए-हाल अपना न था
दर्द मिलता रहा हमें पैहम

जीत अपनी हुई है मैदां में
आओ लहराएँ देश का परचम

जज़्बा-ए-इश्क़ को उभारा है
चाँद-तारों का ये हसीन संगम

अच्छी लगती है ऐ 'नज़र' सब को
फूल की पत्तियों पे ये शबनम

ग़ज़ल

गो कि आला मुक़ाम उनके हैं
भाई क्या हम गुलाम उनके हैं

कैसे जाऊँ मैं मिलने ख़ाली हाथ
अजदहा जैसे नाम उनके हैं

मोहतरम हैं असातिज़ा अपने
इस तरह के कलाम उनके हैं

इनसे बिलकुल नहीं कोई उम्मीद
किस क़दर टेढ़े काम उनके हैं

अब इसी बात का तो रोना है
थोड़े क्या सारे जाम उनके हैं

बढ़ के इन को गले लगाएंगे
उंस से पुर-पयाम उनके हैं

देख कर ख़ुश हुए 'नज़र' हम भी
आसमाँ जैसे दाम उनके हैं

ग़ज़ल

कह दिया किसने तुम्हें ये उनको हम धमकाएँगे
वो हमारे भी हैं अपने, प्यार से समझाएँगे

अपने भी अश'आर से किरनें निकलती रहती हैं
आओ मिलने तुम किसी दिन, तुम को भी चमकाएँगे

भाई ये शोले नहीं हैं, ठीक से देखा करें
ये तो गुल हैं, गुल यक़ीनन दहर को महकाएँगे

चल पड़े हैं लोग कुछ गुमराह करने के लिए
रब ही जाने दोस्तों, किस-किस को ये भटकाएँगे

ये यक़ीं की बात है, समझा करो, ऐ ग़ाफ़िलों
लाओ सिर पर इस तरह का आसमाँ अपनाएँगे

आ गए हैं अद्ल की ज़ंजीर तक तो जाएं क्या
हक़ किसी भी तौर उनका हम यहाँ दिलवाएँगे

हमने ही रक्खा हुआ है दहर को बारूद पर
हादसा गरचे हुआ तो हम सभी जल जाएँगे

अपने बच्चों को सहारा दीजिए कुछ इस तरह
अपने हाथों से उठाएँ उनको तो उठ पाएँगे

कह दो उनसे भेड़ियों की शक्ल में आएं न वो
ऐसे चेहरों से ये बच्चे, ऐ 'नज़र', घबराएँगे

ग़ज़ल

उनसे जो कुछ भी हुआ, ख़ून-ख़राबा लिक्खें
अम्न का वो जो है, पैग़ाम हमारा लिक्खें

देख पाते न कभी हम भी ये दुनिया लिक्खें
इस अंधेरे से तो बेहतर है उजाला लिक्खें

मुनहसिर आप पे है, आप जो बेहतर समझें
नज़्म लिक्खें कि ग़ज़ल या कोई दोहा लिक्खें

सारी दुनिया का मुझे एक सा लगता है हाल
ख़ुद ही बतलाएं हमें हाल कहाँ का लिक्खें

मैं जो कहता हूँ उसे मान के चलना होगा
सब को करता है परेशान, बुढ़ापा लिक्खें

ऐसा कोई भी तो एक काम नहीं है इसका
सोचिए आप भी हम इस पे भला क्या लिक्खें

अंधी तक़लीद से नुक़सान बहुत होता है
मुसतनद जो है हवाला, वो हवाला लिक्खें

हम को अलख़्वाब से हरगिज़ न नवाज़ा जाए
उनको ख़ुश हो लेने दें, अब के सितारा लिक्खें

एक हद होती है बर्दाश्त की अपनी भी 'नज़र'
अब न भाएगा किसी का भी दिखावा लिक्खें

ग़ज़ल

वो हमेशा से मेरे दिल के क़रीं लगता है
और की बात नहीं मुझ को नगीं लगता है

मैंने माना कि ये है उनका जहान-ए-दीगर
पर ये ख़स्ता सा मकां बार-ए-मकीं लगता है

बिन तेरे हाल तो बेहाल है अपना भी बहुत
किस से हम कहते फिरें दिल ये कहीं लगता है

मैंने भी उस को उछाला है ख़ला की जानिब
चाँद जैसा ही मेरा शे'र हसीं लगता है

मर्तबा उसने बढ़ाया है हमारा इतना
"हर फ़लक आज हमें ज़ेरे-ज़मीं लगता है"

तंज़ के तीर मज़ीद उसपे न बरसाओ यारों
यूँ भी तो शक्ल से बेहद वो हज़ीं लगता है

हम ने कमज़ोर किया इस के हर एक हिस्से को
ये जहाँ और भी रह पाए, नहीं लगता है

इस लिए दिल पे असर उसका हुआ है शायद
ये जो पहलू है मुझे दुनिया-ओ-दीं लगता है

क्योंकि अंदाज़ 'नज़र' उसका बहुत है प्यारा
इसमें शक़ कोई नहीं माह-जबीं लगता है

ग़ज़ल

मान लो आईना दिखाने पर
क्यों हो नाराज़ सच बताने पर

हमला'आवर हुए अंधेरे सब
दिल में इक कहकशाँ सजाने पर

अक्स-ए-मासूम तुझ से उभरेगा
तिफ़्ल-ए-मासूम को लुभाने पर

यूँ ही होते नहीं हैं ऐसे काम
दिन लगे बस्तियाँ बसाने पर

तुझ को कमज़ोर और कर देंगे
एक जरा सा भी डगमगाने पर

अपनी हद में रहो तो बेहतर है
तुम तुले हो हमें नचाने पर

एक मौका तुझे भी देते हैं
बख़्श ही देंगे बाज़ आने पर

कितनी पाबंदियाँ लगी हैं देख
मेरे आने पे और जाने पर

तेरे क़द को भी लोग जानेंगे
सोच ले, क़द मेरा घटाने पर

ये है मुमकिन कि मान जाएँगे
प्यार से ऐ 'नज़र' मनाने पर

ग़ज़ल

जिस को एक इब्तिदा कहा हम ने
उस को ही इंतिहा कहा हम ने

हम को रक्खा है धूप से महफ़ूज़
दिल से इस को घटा कहा हम ने

एक तूफ़ाँ जो सर पे आया था
नागहानी बला कहा हम ने

बात अच्छी हो या कि हो बेकार
जो भी है बरमला कहा हम ने

तेरी सूरत पे हो रही थी बात
गुल कहा और क्या कहा हम ने

हक़ के बारे में इस ने पूछी राय
जीने का रास्ता कहा हम ने

तर्ज़ इस की बहुत निराली है
सब से इस को जुदा कहा हम ने

याद आए तुम्हें दुआ देना
और भी कुछ भला कहा हम ने

क़हर बरसाती उस की बातों को
जानलेवा वबा कहा हम ने

पूछते थे ये किस की दुनिया है
सीधे-सीधे ख़ुदा कहा हम ने

शे'र जब भी हसीं 'नज़र' आया
रूह की एक ग़िज़ा कहा हम ने

ग़ज़ल

क़ल्ब-ए-मुज़तर सह रहा है
घर जो अपना ढह रहा है

तेरे अंदर से मुसलसल
ज़हर कितना बह रहा है

बुझ गया वो जाने कैसे
एक कामिल मह रहा है

तू नहीं है जिस के हक़ में
तेरे हक़ में कह रहा है

नक़्श छोड़ा दिल पे वो एक
लम्हा भर गरचह रहा है

फिर भी शक़ होता है उस पर
साथ अपने रह रहा है

क़द्र इस की कर रहे हैं
ऐ 'नज़र' जो शह रहा है

ग़ज़ल

अब पहली जैसी मुझ से मुहब्बत नहीं रही
हैराँ हूँ, इन को मेरी ज़रूरत नहीं रही

मेरी ख़ुशी को ख़ाक में इस ने मिला दिया
इस बात से था ख़ुश कि अदावत नहीं रही

रह रह के आँख उठती है सू-ए-फ़लक मेरी
क्या कीजिए, ज़मीं पे सख़ावत नहीं रही

लगता है ख़ातमे की तरफ़ बढ़ रहा है दहर
जिस पे था नाज़ सब को वो सूरत नहीं रही

मिलने की बढ़ चुकी है तमन्ना कई गुना
जाने से रुक गए हैं कि फ़ुर्सत नहीं रही

हँस-हँस के खा ही जाते थे हम तीर तंज़ के
अब बात सहने की भी तो ताक़त नहीं रही

सहमे हुए थे हम भी 'नज़र' तीरगी से कुछ
आने से आफ़ताब के दहशत नहीं रही

ग़ज़ल

हम देंगे दिलासा उसे मिल जाए तसल्ली
तकलीफ़ तो होगी ही, ज़रा चोट है गहरी

इस बात का इक़रार सभी को है हसीं चाँद
दर आई तेरे हुस्न से शे'रों में तजल्ली

पहचान न पाओगे मेरे दिल का कोई दर्द
मुमकिन है पता देगी मेरी आँख की सुर्ख़ी

हम ने भी तो देखा है यही हो के रहेगा
ये जिस्म हमारा भी तो हो जाएगा मिट्टी

रख हाथ मुहब्बत का किसी तौर भी सर पर
मिल जाए कोई बच्चा तुझे देख जो ज़िद्दी

कुछ सोच समझ के ही उसे अपना बनाना
तेरे भी नशेमन को जला दे न ये बिजली

टूटेगा हर एक फ़रुख़्र किसी रोज़ ज़मीं पर
ये सारे हक़ायक़ हैं मेरे दोस्त ज़मीनी

इस बात पे हैरान कभी हम न हुए हैं
लाज़िम है बहकना कोई शै पी हो नशीली

रिश्ता है मेरा, गो कि मसर्रत के फ़लक से
रहती है मेरे साथ 'नज़र' ग़म की भी धरती

ग़ज़ल

कचरा इस पर किसी ने डाला है
देखिए कितना भोला भाला है

इस हिमाक़त पे ख़ुद हुआ ज़ख़्मी
संग जो चाँद पर उछाला है

कैसे उम्मीद इस से रखेंगे
तेरा दिल भी तो कितना काला है

ख़ामोशी इस क़दर है छाई क्यों?
कोई तूफ़ान आने वाला है!

सख़्त इतना कि हो गया बे-दम
कैसे कह दूँ कि तर-निवाला है

हौसला हो तो क्या नहीं मुमकिन
ख़ुद को शोलों से भी निकाला है

कोई पूछे कि उसकी बातों को
मैंने किस दिल-जिगर से टाला है

किस का एहसान बन गया है बोझ!
किस ने किस को यहाँ संभाला है?

रहम इस में कहीं नहीं पाया
उस का सारा बदन खंगाला है

कैसे कर पाएंगे वो दिल की बात
मुँह पे पाबंदियों का ताला है

किस पे क़ब्ज़ा है इन अंधेरों का
किस के हक़ में 'नज़र' उजाला है

ग़ज़ल

कुछ ख़ास लोग पाते हैं तेरे ही मुँह से दाद
मुमकिन है इसमें होगा कोई तेरा भी मफ़ाद

फिरते हैं सीना तान के कैसे ज़मीन पर
बरपा क़दम-क़दम पे वो जो करते हैं फ़साद

दिल के सुकूँ का बनती है बाइस हमेशा ये
मुश्किल नहीं किसी भी समय आए तेरी याद

घबराके हम न भागेंगे मैदान से कभी
रखते हैं हम बहाल किसी तौर ऐतमाद

अम्न-ओ-अमाँ जहाँ में नज़र आए हर तरफ़
बर आए कब न जाने मेरे दिल की ये मुराद

सहमे हुए हैं लोग किसी ख़ौफ की बिनाह
हासिल नहीं है दिल को किसी रूप से भी शाद

हालात पुर-ख़तर हैं ज़माने के दोस्तों
महफ़ूज़ दुश्मनों से हो अपना भी तो बलाद

शादाब हों शजर तो मिलेंगे कई गुलाब
पौधों को भी दिया करें मुमकिन हो जितनी खाद

हम गामज़न हैं आज भी हिजरत की राह पर
कर तो रहे हैं हम भी मुसलसल 'नज़र' जहाद

ग़ज़ल

जो भी कहना है मुँह पे कह देंगे
उसका रद्दे-अमल भी देखेंगे

ख़ुद से वाकिफ़ न हो सके ता-उम्र
दहर को वो कहाँ से समझेंगे

कैसे मिल सकती है हमें मंज़िल
ज़हन से काम लेंगे, सोचेंगे

झेल पाएंगे क्या दहकती आग
बच्चे बूढ़े सभी तो चीख़ेंगे

बे-सहारा कोई भी मिल जाए
हाथ सर पर ज़रूर रखेंगे

भाप बन कर उड़ेगा पानी सब
क़तरे-क़तरे को लोग तरसेंगे

साथ मत छोड़ना उजालों का
वरना तुझको अंधेरे घेरेंगे

आए कुछ देर के लिए लेकिन
दिल ने चाहा तो और बैठेंगे

ऐ 'नज़र' तेरा रुख है गुल की सिम्त
हम भी तेरे ही साथ हो लेंगे

ग़ज़ल

बोझ इतना न रख संभलने दे
मुझको भी दो क़दम तू चलने दे

ज़ख़्म हद से ज़्यादा दिल में हैं
आँख से आँसुओं को ढलने दे

सादगी को गले लगाना है
फ़ैशन के ग़ौल से निकलने दे

सारे सर हैं तेरे निशाने पर
कम से कम बच्चों को बहलने दे

अब जो चेहरा है, क्या वो उसका है?
और चेहरे कई बदलने दे!

दिल मेरा भी तो ग़म का मारा है
छोड़ दे इसको भी मचलने दे

आग, पानी, 'नज़र', ज़रूरी हैं
बर्फ़ भी हो, किसी को जलने दे

ग़ज़ल

मुझे अच्छे से कुछ मंज़र दिखाएं
जहाँ पर हो सकूं वो घर दिखाएं

मेरे आगे न लाएं पर शिकस्ता
हवा में उड़ने वाले पर दिखाएं

नहीं हमको किसी गौहर की ख़्वाहिश
हमारी चाह का पत्थर दिखाएं

चमक से ख़ुश बहुत होते हैं बच्चे
उन्हें तारों भरा अंबर दिखाएं

नहीं छोड़ेंगे हम अपनी ज़मीनें
दिखाएं आँख या ख़ंजर दिखाएं

कहीं वो आपको समझें न बेजान
कभी अपने भी तो तेवर दिखाएं

न हो दिल मुतमइन, मानेंगे कैसे
कोई एक शक़्ल और बेहतर दिखाएं

किसी ने आपको रोका नहीं है
बड़े भाई ग़ज़ल कहकर दिखाएं

'नज़र' ठंडक मिले आँखों को अपनी
हसीं कोई हमें पैकर दिखाएं

ग़म की धरती | सईद नज़र

ग़ज़ल

दहशतों ने खाई कर दी जिस्म-ओ-जां के दरमियाँ
आरज़ू थी साँस लें अम्न-ओ-अमां के दरमियाँ

दर्द है इस बात का वो खो गए हैं ए'तिमाद
रह गए उनके यक़ीं कैसे गुमां के दरमियाँ

इर्तिख़ा की मंज़िलें हम पा ही लेंगे एक दिन
अपने पैरों पर खड़े हैं इस जहाँ के दरमियाँ

एक ही मौसम मुसल्लत हम पे है क्या कीजिए
उम्र अपनी ढल रही है यूँ ख़िज़ां के दरमियाँ

वो नज़र हो पास अपने ताकि देखें ग़ौर से
क्या नहीं है दोस्तों कौन-ओ-मकां के दरमियाँ

हम समझते हैं यक़ीनन उनको यारों ख़ुश-नसीब
एक लम्हा भी रहे हों गुलसिताँ के दरमियाँ

हम किनारों के ही हो कर रह गए किस ने कहा!
अपनी कश्ती भी है बहर-ए-बेकरां के दरमियाँ

गर अलग हो जाएं तो बेकार ये हो जाएंगे
एक गहरा रिश्ता है तीर-ओ-कमां के दरमियाँ

उन का एहसां है मेरी चश्म-ए-परेशां पर 'नज़र'
जो सितारे हैं मुनव्वर आसमाँ के दरमियाँ

ग़ज़ल

इस क़दर मेरे भी क़रीं है तू
सोचता हूँ कि क्या नहीं है तू

ख़ैर का तुझ में कोई पहलू है?
लोग कहते हैं नुक़्ताचीं है तू!

कर गया ख़ुश तुझे फ़लक कह कर
सच तो ये है कि इक ज़मीं है तू

तेरी ख़ुशबू से मैं शनासा हूँ
लगता है अब यहीं-कहीं है तू

तुझ में पलते हैं साँप ज़हरीले
इक भयानक-सी आस्तीं है तू

तेरे पर भी निकलने वाले हैं
और कुछ वक़्त है, यहीं है तू

तुझ में भी नूर है बला का देख
हर तरह यार इक नगीं है तू

जम गई आँख तेरे चेहरे पर
मान भी जा बहुत हसीं है तू

तुझ को दिल से मैं कैसे जाने दूँ
कितना प्यारा 'नज़र' मकीं है तू

ग़ज़ल

चलो वो है कितना भला देखते हैं
कभी होगा पूरा कहा देखते हैं

हमें झुकना आया न आगे किसी के
हमेशा मुख़ालिफ़ हवा देखते हैं

दिल-ओ-जां की राहत है ये कार-ए-पैहम
तुम्हारे सिवा और क्या देखते हैं

शजर शिद्दत-ए-तिश्नगी से हैं नालाँ
मुसलसल घटा-दर-घटा देखते हैं

ज़ियादा वो तुम से मुहब्बत करेंगे
तुम्हारी हसीं जो अदा देखते हैं

यक़ीनन मेरे रब की है ये इनायत
"हर एक दिल को तुझ पर फ़िदा देखते हैं"

बुराई कहाँ से निकल आई उस में
ज़माने से उस को खरा देखते हैं

सफ़ाई की हम को ज़रूरत नहीं है
तेरी चश्म में हम वफ़ा देखते हैं

किसी दस्त-ए-नूरी का शायद असर है
ग़ज़ल में ग़ज़ब की ज़िया देखते हैं

तेरे हक़ में बस हम यही तो कहेंगे
तेरा रंग सब से जुदा देखते हैं

कहें क्या कि हैरत-ज़दा रह गए हम
'नज़र' जब कभी भी ख़ला देखते हैं

ग़ज़ल

तुम भी कुछ देर यूँ ही रो लेते
चैन पाते, ज़रा सा सो लेते

देख लेते सितारे तुम में हम
अपने अंदर फ़लक समो लेते

बेहिसी ख़त्म हो गई होती
दिल में इक ख़ार-ए-हिस चुभो लेते

इतनी नफ़रत थी मुझ से तो मेरे
ख़ून में उंगलियां डुबो लेते

कितना आसान था ये कर लेना
अपने आँसू से दाग़ धो लेते

ये अमल इक मिसाल बन जाता
और का बोझ कुछ तो ढो लेते

जिस्म को उस से क्या बचाना था
बारिश-ए-उंस में भिगो लेते

ऐसा क्या था कि रह गए तन्हा
तुम किसी के भी साथ हो लेते

आज ये पेड़ बन ही जाता 'नज़र'
प्यार का कोई बीज बो लेते

ग़ज़ल

तेरी ही देन है लुत्फ़-ओ-ख़याल का आना
कहे हुए पे हमारे जमाल का आना

कोई तो बात है वरना ये कैसे मुमकिन है
लहू में आप के इतना उबाल का आना

बड़ी सी एक तबाही का मुर्तकिब होगा
हवस-परस्त के हाथों में जाल का आना

हसीन फ़िक्र का बेशक़ ये कार-नामा है
ये कम है क्या कि ग़ज़ल में कमाल का आना

सबब बना है ग़म-ए-दिल का हर तरह से ये
किसी भी क़ौम पे यारों वबाल का आना

हमारे साथ तो ठहरा है साया-ए-माज़ी
तुम्हारे साथ मुबारक हो हाल का आना

ये आम बात नहीं है ये ख़ास है बिल्कुल
किसी मिज़ाज में जाह-ओ-जलाल का आना

वो पूछता है मुहाफ़िज़ है उसका कौन यहाँ
ज़बां पे फूल की ऐसे सवाल का आना

कमीना-पन तेरा अंजाम को पहुँचा है
ख़ुशी की बात है सीधी सी चाल का आना

इधर ग़ुरूर हुआ ख़त्म एक झटके में
उरूज-ए-शम्स पे इक दम ज़वाल का आना

यही तो देखते अरसे से आ रहे हैं 'नज़र'
दिनों का जाना, नए एक साल का आना

ग़ज़ल

इब्तिदा बन जा, इंतिहा बन जा
बर कहीं पर, कहीं ख़ला बन जा

उसको आँधी की शक्ल भाती है
तू सफ़ीने का नाख़ुदा बन जा

है तेरा सामना अंधेरे से
तू किसी भी तरह दिया बन जा

लोग तुझ पर फ़रेबता होंगे
ऐसा कर, दूध का धुला बन जा

दहर है, दहर को ख़ुदा पर छोड़
बहुआ से निकल, दुआ बन जा

सोज़-ए-दिल, ये है आरज़ू मेरी
तू मेरे शे'र की सदा बन जा

मैं तेरी बेरुख़ी से नालाँ हूँ
दिल से चाहूँगा मैं, मेरा बन जा

क्यों कोई तरसे इस ज़मीं पर अब
तिश्नगी हो जहाँ, घटा बन जा

दम घुटा जा रहा है दुनिया में
साँस लें जिसमें, वो फ़ज़ा बन जा

फ़ख़्र तुझ पर करेंगे हम सारे
हौसला-मंद एक अदा बन जा

इस से बढ़कर नहीं है कोई काम
बे-सहारों का आसरा बन जा

तुझ को बनना ही है 'नज़र' कुछ तो
एक शफ़्फ़ाक आइना बन जा

ग़ज़ल

तुम्हें पता भी चले अब कि रौशनी क्या है
ज़माना क्या है, अजल क्या है, ज़िंदगी क्या है

वो एक शोला है, जलना जलाना उसका काम
नहीं ख़बर ये उसे गुल है क्या, कली क्या है

अलग ही सोच का हामिल है आज का इंसां
ग़रज़ नहीं है, वफ़ा क्या है, बेरुख़ी क्या है

तवंगरों के ही क़िस्से तेरी ज़बां पर हैं
अपाहिजों से ज़रा पूछ, बेबसी क्या है

बताऊँ क्या कि लहू कितना बह गया है यहाँ
सर अपना फोड़ के जाना है, बे-हिसी क्या है

दुरुस्तगी से यक़ीनन निखार आएगा
ये देखना है ज़रूरी, कहीं कमी क्या है

तुझे तो जीना है एक आने वाले लम्हे में
हिसाब ज़ीस्त का लम्हों में है सदी क्या है

ख़ुदी को पाने का है ये अमल कि खोने का
कोई तो आ के बताए कि मयकशी क्या है

पहुँच न पाए अभी तक किसी भी हद तक हम
शऊर क्या है, हमारी ये आगही क्या है

ज़मीन-ए-क़ल्ब में सब्ज़ा है उसके ही दम से
हुआ है इल्म 'नज़र', वक़्'अत-ए-नमी क्या है

ग़ज़ल

ग़म की धरती | सईद नज़र

तेरे चंगुल से बाहर हो गई क्या?
कली नाज़ुक सी ख़ंजर हो गई क्या?

फ़लक को ही मुसलसल तक रहा है
कोई एक चाह शहपर हो गई क्या?

मेरी सूरत पे उनको नाज़ कैसा
ये पहले से भी बेहतर हो गई क्या?

उसे देखे हुए अरसा हुआ है
यक़ीं की फ़िक्र बेघर हो गई क्या?

सज़ा कुछ दिन ही पहले उसने पाई
ये दुनिया फिर सितमगर हो गई क्या?

कमर कांधे सभी कुछ झुक गए हैं
मुसीबत तेरे सर पर हो गई क्या?

'नज़र' दामन में हैं उसके सितारे
ग़ज़ल इस बार अंबर हो गई क्या?

ग़ज़ल

माँगी थी एक हसीना से तनवीर की ग़ज़ल
दे दी उठा के अपनी ही तस्वीर की ग़ज़ल

ऐसा नहीं कि गुल ही के साये में हम रहे
पुर-ख़ार रास्ते पे भी तहरीर की ग़ज़ल

लफ़्ज़ों में हौसलों का समंदर है मौजज़न
किस पाए की है देख जहाँगीर की ग़ज़ल

जब वक़्त आया ऐसा तो करना पड़ा मुझे
ज़ंजीर में भी ढाली है शमशीर की ग़ज़ल

शे'रों के यूँ नुज़ूल से साबित हुआ है ये
पा ली है आज मैंने भी तक़दीर की ग़ज़ल

हम पर बड़ी ही उसकी इनायत हुई है आज
तोहफ़े में दे गया हमें तासीर की ग़ज़ल

क़ारी की सोच-बूझ भी इस मर्तबे की हो
गहरी बहुत है सादा सी ये मीर की ग़ज़ल

आग़ाज़ से ही उसका असर हम पे था बहुत
हम ने भी बड़े चाव से तसतीर की ग़ज़ल

गेसू सँवारने में वो मसरूफ़ उसके है
राँझा को भा गई है 'नज़र' हीर की ग़ज़ल

ग़ज़ल

मेरी फ़िक्र के गुल महकने लगे
मेरे शे'र सारे चमकने लगे

ज़माने से जंगों का हो ख़ात्मा
बहुत बच्चे, बूढ़े बिलखने लगे

दिखाएं उसे सीधा रस्ता जनाब
कोई चलते-चलते भटकने लगे

जो डरते थे सच कहने से दोस्तों
निगाहों में बिल्कुल खटकने लगे

उसे एक लुक़्मा इनायत करें
कोई भूख से जब सिसकने लगे

फ़ज़ाएँ मकद्दर हुई जाती हैं
यूँ शोले सितम के दहकने लगे

अजब दौर है कुछ मिले भी तो लोग
उसे बे-तहाशा लपकने लगे

सबब ये कि वज़नी थे गोले सभी
ज़मीनों के नीचे दबकने लगे

खुले आसमाँ में पहुँच कर 'नज़र'
परिंदे ख़ुशी से चहकने लगे

ग़ज़ल

अम्न का माहौल दुनिया में कहाँ है
चार-सू अपने हर एक शै बे-अमाँ है

मुझ में देखो, देख सकते हो अगर तो
एक समंदर हौसलों का बे-कराँ है

मैं ज़मीं की दिलकशी से मुतमइन हूँ
तेरी आँखों में तो रहता आसमाँ है

रंग सारे नित नए हैं देख लेना
तू जहाँ पर है हसीं ये एक जहाँ है

रंग उस पर मेरी मर्ज़ी के चढ़े हैं
ये किराए का नहीं, ज़ाती मकां है

कुछ नहीं इसके सिवा है मेरे आगे
जलते-बुझते इन मकानों का धुआँ है

एक हथौड़ा लाइए क़ामिल यक़ीं का
सूरत-ए-ज़ंजीर पैरों में गुमाँ है

पास उसके गुफ़्तगू का है सलीक़ा
मेरे मुँह में एक ख़ालिस जो ज़बाँ है

ऐ 'नज़र', मेरी नज़र से दूर ही रह
बहर-ए-ग़म एक मौजज़न इसमें निहाँ है

ग़म की धरती | सईद नज़र

ग़ज़ल

कोई है शहर में दुखी मुझ से
क्या कोई भूल फिर हुई मुझ से

माँगने आ गई मेरे दर पर
जिस्म का ख़ून मुफ़लिसी मुझ से

अपना चेहरा छुपाए फिरती है
क्यों है नाराज़ रौशनी मुझ से

पाते हैं लोग उससे राहत पर
ले गई चैन तीरगी मुझ से

किस तरह जी रहा है मुझ में तू
पूछती है ये बेबसी मुझ से

उससे काँटे उखाड़ फेंके हैं
आज ख़ुश है तेरी गली मुझ से

फूल बनने से पहले तोड़े ना
करती है इल्तिजा कली मुझ से

लब को आबाद कर दो इस से तुम
क़र्ज़ ही ले लो फिर हँसी मुझ से

किस ने इस को 'नज़र' ख़बर दी है
मिलने आई है ज़िंदगी मुझ से

ग़ज़ल

और कब तक ग़फ़लतों में होश में आ
क्यों पड़ा है हुज्जतों में होश में आ

मुनकिरों की गुफ़्तगू का लुत्फ़ दीगर
अज़दहा है नीयतों में होश में आ

ज़िम्मेदारी इस अमल की कौन लेगा
है गिरावट हालतों में होश में आ

गिर पड़ेगा मुँह के बल गर चख लिया तो
नशशा है एक दौलतों में होश में आ

इज़्ज़त-ओ-इकराम में उंसो-ओ-वफ़ा हैं
है जहन्नम ज़िल्लतों में होश में आ

रख क़दम अपना सँभल कर इस जहाँ में
फँस न जाए लानतों में होश में आ

अपने अंदर पालता क्यों है उन्हें फिर
ख़ुद जलेगा नफ़रतों में होश में आ

तू सिमट कर रह गया है एक हद में
क्या नहीं है वस'अतों में होश में आ

ख़ुदनुमाई कर ही देगी तुझ को पागल
ये वबा है शोहरतों में होश में आ

कोशिशों से बढ़ के पा ले आसमाँ को
है बुलंदी अज़मतों में होश में आ

उनके रस्तों में भँवर हैं ऐ 'नज़र' रुक
बह रहा है हाजतों में होश में आ

ग़ज़ल

रहता है मेरे साथ तेरी याद का तारा
मुश्किल है बता पाना तुझे कितना है प्यारा

आ जाती है क्या यूँ ही किसी गुल पे ये लाली
इस अर्ज़ में शामिल है बहुत ख़ून हमारा

एक कोह जो ज़ुल्मत का तेरे सर पे रुका था
इस बोझ को एक दस्त-ए-मुनव्वर ने उतारा

लगता है किसी दिल के तड़पने की सदा है
आना हो तो इमदाद को आ जाएं ख़ुदारा

ये शेर की महफ़िल है, अदब का है ठिकाना
ये गरचे पसंद आए तो आ जाएं दोबारा

हम को भी मिला तर्ज़-ए-तक़्क़ातुब का सलीक़ा
एक तेरी हसीं ज़ात ने पस्ती से उभारा

इसका भी सफ़र जारी है सागर में मुसलसल
कश्ती को मिले मेरी भी, ऐ दोस्त, किनारा

सुनते हैं ये एक आम-सी है बात जहाँ की
बहती है मेरे आगे भी एक ख़ून की धारा

उम्मीद है ये कुछ तो करम मुझ पे भी होगा
मैंने भी इसे देख 'नज़र' दिल से पुकारा